Wie war das, als sich Prinzessin Stéphanie von Monaco im Tigerbikini in der Oltner Badi vergnügte? Und wie, als der Stripper sich im Rathskeller mit seinem Holzbein an der Fußstange des Tresens verhakte? Von diesen und anderen Begebenheiten erzählt Alex Capus in diesem Band. Er schreibt über die Schönheit des Bahnhofs und den Duft der Schokoladenfabrik, über wilde Kerle und böse Mädchen. Und wenn er in die weite Welt aufbricht, so landet er am Ende doch stets wieder in den Kleinstädten. Dort begegnet er Bankräubern und Totengräbern, Glücksrittern und traurig scheiternden Erfindern. Die Kleinstadt mit ihrem Charme und ihrem ganz alltäglichen Wahnsinn lauert eben überall.

Alex Capus wurde 1961 in der Normandie geboren. Er lebt als Schriftsteller in Olten, Schweiz. Zuletzt erschien sein Roman ›Königskinder‹.

Alex Capus

Der König von Olten

Die Kleinstadt lauert überall

Die Texte auf den Seiten 7–84 sind 2009 in dem Band ›Der König von Olten‹,
jene auf den Seiten 128–171 2011 im Band ›Der König von Olten kehrt zurück‹ im
Knapp Verlag in Olten erschienen. In ›Skidoo. Meine Reise durch die Geisterstädte des Wilden Westens‹ – Carl Hanser Verlag, München 2012 –
erschienen die Texte auf den Seiten 85–127.
Der Autor hat sie für die vorliegende Ausgabe überarbeitet.

Von Alex Capus ist bei dtv außerdem lieferbar:
Königskinder (14745)
Himmelsstürmer (14710)
Das Leben ist gut (14631, 25406)
Eine Frage der Zeit (14663)
Patriarchen (14597)
Reisen im Licht der Sterne (14531)
Mein Nachbar Urs (14449)
Léon und Louise (14128, 25363)
Der Fälscher, die Spionin und der Bombenbauer (14374)
13 wahre Geschichten (13470)
Glaubst du, daß es Liebe war? (13295)
Eigermönchundjungfrau (13227)
Fast ein bißchen Frühling (13167)
Munzinger Pascha (13076)
Mein Studium ferner Welten (13065)

**Ausführliche Informationen über
unsere Autorinnen und Autoren und ihre Bücher
finden Sie unter www.dtv.de**

Originalausgabe
2020 dtv Verlagsgesellschaft mbH & Co. KG, München
© 2020 dtv Verlagsgesellschaft mbH & Co. KG, München
© 2009, 2011 Alex Capus, Olten
© 2012 Carl Hanser Verlag GmbH & Co. KG, München
Umschlaggestaltung: Wildes Blut, Atelier für Gestaltung Stephanie Weischer
unter Verwendung eines Bildmotivs von
akg-images/Ikon Images/Jacqueline Bissett
Satz: Fotosatz Amann, Memmingen
Druck und Bindung: Druckerei C.H.Beck, Nördlingen
Gedruckt auf säurefreiem, chlorfrei gebleichtem Papier
Printed in Germany · ISBN 978-3-423-14774-3

Der König von Olten

Der König von Olten (1)

Zuweilen sagen mir die Leute, worüber ich eine Geschichte schreiben soll. Darüber freue ich mich, und manchmal versuche ich es auch, aber meistens schreibe ich dann doch etwas anderes. Herr Zeltner zum Beispiel, dem ich häufig auf meinem allmorgendlichen Gang zum Postamt begegne, empfahl mir kürzlich, etwas über den schwarzweißen Kater der Familie Köpfli zu schreiben, der in sämtlichen Häusern der Altstadt ein und aus geht, als wäre er der König von Olten. Ich versprach, mir die Sache zu überlegen, denn Herr Zeltner ist der gütigste Stadtpolizist, den Olten je gehabt hat. Generationen von Kindern haben bei ihm Verkehrsunterricht gehabt, und alle haben ihn geliebt und niemand musste ihn fürchten. Seit er pensioniert ist, fliegt er zweimal jährlich nach New York, weil seine Tochter da mit einem Kadermann der UBS verheiratet ist. Dann spielt er mit den Enkeln und macht sich im Haus nützlich, und manchmal besucht er aus beruflicher Neugier die Kollegen von der New Yorker Polizei, zeigt seinen alten Oltner Polizeiausweis und lässt sich auf der Wache herumführen. Einmal durfte er sogar in einem amerikanischen Polizeiwagen fahren. In letzter Zeit aber gefällt ihm Amerika nicht mehr. Die Kontrollen, das Misstrauen, die Bürokratie. Letztmals musste er am Airport stundenlange Durchsuchungen und Verhöre über sich ergehen lassen, weil er eine metallene Fischerspule im Handgepäck hatte. Drei, fünf, sieben Sicherheitsmänner hintereinander musste er mühsam von der Harmlosigkeit des Gegenstands überzeugen, der original in Zellophan verpackt in seinem Koffer lag, und immer kam noch ein Sicherheitsmann zum Vorschein, der die Fischerspule misstrauisch beäugte, während die Abflugzeit bedrohlich näher rückte. In höchster Not griff Herr Zeltner schließlich in die Brieftasche und wies sich mitten im Kennedy Airport als pensionierter Oltner Stadtpolizist aus – und dann war plötzlich alles in Ordnung: Die Fischerspule war keine Bombe mehr und Herr Zeltner kein Terrorist, und der Flug verlief ruhig und Herr Zeltner traf wohlbehalten wieder in Olten ein.

Was nun die schwarzweiße Altstadtkatze, den König von Olten, betrifft, so wäre die ein ergiebiges Thema, da hat Herr Zeltner recht.

Der König von Olten (2)

Der König von Olten also ist ein schwarzweißer Kater, der die Altstadt beherrscht und aus mir unbekannten Gründen »Toulouse« heißt. Seit ich auf Anregung von Herrn Zeltner über ihn zu berichten begonnen habe, erfahre ich täglich Neues über Toulouse, und mehr noch über Stadtpolizisten, nette wie böse. Die Leute halten mich auf der Straße an, oder sie winken mich in der Kneipe zu sich. Dabei soll ich interessanterweise die Geschichten über den Kater immer alle unbedingt aufschreiben, die Polizeiaffären hingegen besser für mich behalten.

Daran halte ich mich natürlich.

Ein Geheimnis aber, das nur der Wirt der Walliser Kanne kennt, weil ein pensionierter Polizist bei ihm Kochtipps einholt, muss ich jetzt aber doch berichten. Einem Kollegen jenes Polizisten widerfuhr es nämlich gelegentlich, dass er die Strafzettel, die er ausgestellt hatte, aus der eigenen Tasche bezahlte. Als er beispielsweise einem widerrechtlich vor der Stadtkirche abgestellten Auto einen Strafzettel unter den Scheibenwischer klemmte, sah er im selben Augenblick, wie eine Frau mit drei kleinen Kindern aus dem Vögele-Schuhladen kam und auf den Wagen zuhielt. Das Auto war alt und klapprig, die Kinder trugen abgetragene Kleider, und die Frau war schon lange nicht mehr beim Coiffeur gewesen. Der Stadtpolizist sah, dass die Frau das Strafgeld nicht würde bezahlen können und dass sie das Auto nur kurz abgestellt hatte, um für die Kinder im Ausverkauf möglichst preiswerte Schuhe zu kaufen. Da schnappte er sich den Strafzettel und machte sich davon, bevor die Frau ihn bemerkte. Weil er den Strafzettel aber korrekterweise nicht verschwinden lassen konnte, ging er zur Post und zahlte den Betrag eigenhändig ein. Ich weiß, das ist jetzt indiskret, aber es ist die reine Wahrheit, und manchmal muss die einfach an den Tag. Jetzt will ich aber von Toulouse, dem König von Olten, berichten.

Der König von Olten (3)

Wie ich schon zweimal zu erzählen versuchte, ist der König von Olten ein schwarzweißer Kater namens Toulouse, der dank außergewöhnlicher Fähigkeiten die Altstadt beherrscht. So kann er beispielsweise Türen öffnen. Er springt aus dem Stand hoch zur Klinke, klammert sich fest und stößt sich gleichzeitig mit einer Hinterpfote vom Türrahmen ab. Das ist wirklich wahr, jeder Bewohner der Oltner Altstadt kann das bestätigen. Auf diese Weise besucht Toulouse nach Belieben Privatwohnungen und Restaurants, am liebsten den *Rathskeller* und die *Waadtländerhalle*. Gelegentlich lässt er sich einschließen und löst, wenn er wieder ins Freie möchte, zu nachtschlafender Stunde die Alarmanlage aus. Wenn man ihm draußen begegnet, huscht er nicht nach Katzenart den Wänden entlang, sondern bleibt mitten auf der Gasse stehen und schaut einem herausfordernd hinterher, als ob er mindestens ein Leopard wäre. Das ist manchmal richtig unheimlich. Und wenn gar ein Auto kommt – die Oltner Altstadt ist eigentlich eine verkehrsfreie Fußgängerzone, aber doch immer zugeparkt mit Motorfahrzeugen, weil irgendwie jeder, der das möchte, unabhängig von seiner tatsächlichen Wohnadresse eine Anwohnerkarte zu bekommen scheint, was manche Leute damit erklären, dass der zuständige Polizeikommandant deswegen ein derart offenes Ohr für die Altstadtgastronomie habe, weil er selber deren bester Stammkunde sei, wobei man dazu sagen muss, dass der Polizeikommandant unmöglich allein für die großzügige Verteilung von Anwohnerkarten verantwortlich sein kann, wo er doch seit bald einem Jahr krankgeschrieben ist, weil er und seine sozialdemokratische Chefin sich in den Haaren liegen ... ich schweife schon wieder ab, diesmal wollte ich wirklich keine Polizeigeschichten breitschlagen. Was ich sagen wollte, ist dies: Wenn Toulouse ein Auto entgegenkommt, spreizt er sprungbereit die Vorderbeine und faucht, bis der erschreckte Automobilist vor dieser Machtdemonstration kapituliert und demütig den Rückwärtsgang einlegt.

Der König von Olten (4)

Wenn man Toulouse treffen will, findet man ihn oft im Oberen Graben ausgangs Altstadt, bei der Papeterie Köpfli. Das ist jene Zone, in der jeder vernünftige Mensch den Kragen hochschlägt, den Hut tief ins Gesicht zieht und schaut, dass er weiterkommt, bevor eine zwielichtige Gestalt ihn anspricht. Denn hier ist der Ort, an dem einem immer diese gelackten Telecombubis ein neues Handy andrehen wollen. Hier errichten die Jungfreisinnigen ihre Straßensperren und lassen einen erst durch, wenn man einen halben Liter ihres abscheulichen Glühweins gesoffen hat. Hier stehen auch jene hübschen und ein wenig ungekämmten Greenpeace-Mädchen, die einen mit Verachtung strafen, wenn man gerade mal nicht eine halbe Stunde über Walfische sprechen und kein Geld für den Regenwald geben will. Immerhin freue ich mich jedes Mal, dass es diese ungekämmten Mädchen noch gibt. Eine Weile hatte ich befürchtet, sie seien ausgestorben, weil alle wie Britney Spears aussehen wollen. Ich mag die ungekämmten Mädchen, weil sie oft überraschende Dinge tun. Ich kannte einmal eine, als ich selbst noch ein ungekämmter Bub war, die an einem Montag um halb zehn Uhr abends nicht weit vom Oberen Graben, in der Marktgasse, aus schwer einsehbaren Gründen vor meinen Augen ein Auto in Brand steckte; nicht, dass ich das gut gefunden hätte, aber überraschend war es schon. Dieses Mädchen ist längst sauber gekämmt und Mutter zweier halbwüchsiger Mädchen, die nun ihrerseits überraschende Dinge tun, über die sich die Mutter furchtbar aufregt. Wenn ich dann vorsichtig zu bedenken gebe, dass beispielsweise ein Nasenring doch weniger schlimm sei als ein brennendes Auto, sagt sie, das könne man nun wirklich nicht vergleichen. Womit sie natürlich recht hat.

Das alles geschieht im Oberen Graben, der Todeszone der Oltner Altstadt. Niemand hält sich hier freiwillig auf außer Toulouse. Dem können weder die Jungfreisinnigen noch die Telecombubis noch die ungekämmten Mädchen etwas anhaben.

Der König von Olten (5)

Ich will nicht übertreiben: Natürlich ist Kater Toulouse nicht König von Olten, sondern einfach eine Altstadtkatze. Er kann zwar Türen öffnen und Passanten erschrecken, aber zu befehlen hat er nichts. Olten ist eine Demokratie und hat keinen König, höchstens ein paar ungekrönte und solche, die sich dafür halten. Da gibt es beispielsweise die Schwarzgeldbesitzer unter den Gewerbetreibenden, die im Café Ring Hof halten und mit den sagenhaften Gewinnen prahlen, die sie mit ganz, ganz schlauen Geldanlagen erzielt haben. Als Könige taugen sie aber nicht recht, weil sie mit schöner Regelmäßigkeit ihr Schwarzgeld an Betrüger verlieren, worauf sie für eine Weile recht kleinlaut werden und zu allem Elend noch nicht mal Klage erheben können, weil's halt eben Schwarzgeld war.

Dann gibt's da die zwar ungekrönten, aber immerhin gewählten Häupter im Stadthaus. Manche von ihnen würden insgeheim wohl ebenfalls gern ein Krönchen oder Diademchen aufsetzen, aber dafür ist ihr Politalltag zu unsouverän. Die Gelben müssen sich bei den Roten beliebt machen und die Roten bei den Gelben, wenn sie wiedergewählt werden wollen; die Schwarzen haben's auch unbequem, denn sie sitzen nur mit einer Gesäßhälfte auf dem Stuhl, mit der anderen aber auf der Bank; die Grünen sind immer ein bisschen amtsmüde, obwohl sie kaum Ämter haben, oder vielleicht gerade deswegen; und die ungehobelten Kerle von der SVP kommen als Könige sowieso nicht in Frage.

Wenn ich einen Oltner krönen müsste, so wär's vielleicht der Mann, den ganz Olten als den »Stripper« kennt. Er trägt ein Holzbein, einen mächtigen Schnurrbart und hat »B-o-r-n-to-be-w-i-l-d« auf die zweitvordersten Glieder seiner zehn Finger tätowiert. Früher begegnete man dem Stripper auf Schritt und Tritt, zu jeder Tages- und Nachtzeit, in allen Gassen und auf sämtlichen Plätzen, aber in letzter Zeit nicht mehr. Wenn ich es mir überlege, habe ich ihn gewiss zwei Jahre nicht mehr gesehen. Vielleicht versuche ich mal in Erfahrung zu bringen, was aus ihm geworden ist.

Der König von Olten (6)

Wenn der Mann, den alle Stripper nannten, die Schwingtür zum Dancing »Hammer« aufstieß, wusste der Discjockey, was er zu tun hatte. Er legte in Sekundenschnelle *Goats Head Soup* von den Rolling Stones auf, setzte die Nadel beim vierten Stück an und blendete ein: *Doo Doo Doo Doo Doo (Heartbreaker)*. Während der folgenden drei Minuten und sechsundzwanzig Sekunden stakste der Stripper an den Rand der Tanzfläche, die aus einem kreisrunden Mosaikboden bestand, über dem sich eine Spiegelkugel drehte, und musterte streng die Tanzenden und alle anderen, die an den Tischen ringsum saßen. Wenn jemand seiner Gesellschaft würdig war, setzte er sich dazu. Andernfalls stellte er sich am Tresen auf und wartete das Ende des Stücks ab, denn er wusste, dass der DJ – was er sonst nie tat – die Scheibe eigens für ihn weiterlaufen lassen würde. In den folgenden acht Sekunden Stille, während deren es aus den Lautsprechern leise brutzelte, betrat der Stripper die Tanzfläche und nahm beim ersten Akkord von *Angie* die schönste Tänzerin in den Arm – und schön waren sie alle, die Drogenbräute 1976, du lieber Himmel, schön und gefährlich und geheimnisvoll wie tropische Blumen, und alle sind sie jung gestorben. Ihre kleinen Schwestern aber, die nur wenige Jahre später ebenfalls ins Gift gerieten, waren aus irgendeinem Grund weder schön, gefährlich noch geheimnisvoll, sondern einfach nur bemitleidenswert dumme Hühner, die dauernd verprügelt wurden und sich für das Geld, das sie auf dem Strich verdienten, Waschpulver als Heroin andrehen ließen. Dafür haben sie seltsamerweise länger überlebt. Aber zum Schluss waren auch sie tot.

1976 waren sie noch schön, und der Stripper war ihr König. Eigentlich hieß er Werner Munzinger und war ein Ururneffe von Josef Munzinger, dem größten Sohn unserer Stadt und ersten Finanzminister des jungen schweizerischen Bundesstaates von 1848. Als ich ihn kennenlernte, war ich ein Gymnasiästlein und er ein mächtiger Rocker mit Lederjacke, Schnauzbart und zahlreichen Tätowierungen. Wenn er im *Rathskeller* saß, konnte er unglaubliche Mengen Bier schlucken, und wenn es spät wurde, sprach er nur noch Hochdeutsch und in Reimen. Ich erinnere mich, dass er einmal »Nichts für ungut, ein Bier ist kein Strohhut!« rief, ein anderes Mal »Gott sieht alles, nur nicht Dralles«. Ob das einen Sinn hatte, und wenn ja, welchen, weiß ich nicht mehr. Manchmal geschah es, dass er auf der Kneipentour irgendwo sein Holzbein verlor, dann konnte man ihn nachts um zwei auf einem Bein heimwärts hüpfen sehen. Und einmal war ich dabei, als der Stripper beim Warten aufs Taxi am Tresen eingeschlafen war und der ortsfremde Fahrer ihn zum Wagen schleppte; da aber der linke Fuß sich zwischen Messingstange und Tresen verkeilt hatte, blieb dieser samt Cowboystiefel an Ort und Stelle, während Fahrer und Stripper dem Ausgang zustrebten. Das Holzbein unter der Hose wurde lang und immer länger – und als es sich endgültig vom Leib löste, fielen der Stripper und sein Fahrer der Länge nach hin und der ganze *Rathskeller* brach in brüllendes, jaulendes, winselndes Gelächter aus. Ich glaube, ich habe nie wieder so gelacht. Am folgenden Abend ließ sich der Stripper im *Rathskeller* ausgiebig feiern wegen seines bewusstlosen Husarenstücks. Der bedauernswerte Fahrer aber wurde im Städtchen nie wieder gesehen.

Kürzlich habe ich in Erfahrung gebracht, wie der Stripper zu seinem Holzbein kam. Im Sommer 1970 war's und kurz nach seinem zwanzigsten Geburtstag, als er in Jeans und schwarzer Lederjacke auf dem Sozius einer gut erhaltenen 650er Triumph Bonneville den Sustenpass hochbretterte und der Fahrer, welcher sein bester Freund war, in einer Linkskurve zu nah an die Felswand geriet. Übrigens war das Holzbein, das der Stripper nach längerem Krankenhausaufenthalt erhielt, nicht aus Holz, sondern aus hautfarbenem PUR-Weichschaum. Weil aber »PUR-Weichschaum-Bein« nicht so hübsch klingt wie »Holzbein«, möchte ich weiter beim ungenaueren, aber bildhafteren Begriff bleiben.

Nach dem Unfall wurde der Stripper, der von Kindesbeinen an ein liebenswerter und freundlicher Mensch gewesen war, für ein paar Jahre zu einem der ganz bösen Buben im Städtchen. Man darf das nicht verschweigen, er wird es mir verzeihen. Abend für Abend soff und krakeelte er sich durch die Altstadtkneipen, stieg auf die Tische und verlangte, dass man die Rolling Stones spielte, und dann verdiente er sich seinen Übernamen, indem er sich aus nichtigstem Anlass die Kleider vom Leib riss. Und wenn sich in einer dunklen Gasse eine Gelegenheit ergab, prügelte er sich mit den anderen bösen Buben des Städtchens, bis es blutete. Zum Auftakt der Badesaison schockierte er die Bürgersfrauen auf der Sonnenterrasse des Strandbads mit seinem Holzbein und einer neuen Tätowierung auf dem Rücken, die einen bunten Phallus in mindestens vierfacher Lebensgröße darstellte. Ein paar Monate später geschah es, dass er in zornigem Übermut nachts um halb eins einen anderen Nachtvogel ausraubte und in die Aare warf, und zwar im April und während der Schneeschmelze, weshalb er wegen eventualvorsätzlichen Tötungsversuchs eine Weile ins Gefängnis musste.

Als er die Strafe abgesessen hatte, war sein Zorn verraucht und der Stripper wieder der sanfteste Mensch im Städtchen. Das war 1973. Erst wollte niemand dem wiedergefundenen Frieden trauen, aber dann liefen ihm plötzlich die Hunde hinterher, etwas später die Kinder und noch etwas später – auch das ist die Wahrheit – die Frauen.

Da er auf Bewährung frei war und sich seine früheren Methoden der Geldbeschaffung nicht mehr leisten konnte, nahm er aushilfsweise einen Job als Staplerfahrer bei der Oltner Lagerhausgesellschaft an und blieb dort hängen. Es muss während der Herbstferien 1979 gewesen sein, als ich ebenfalls im Lagerhaus jobbte, dass er mich erstmals bewusst wahrnahm. Er deutete auf das Reclam-Bändchen, das gelb aus der Brusttasche meiner Jeansjacke lugte, und sagte: »Student, wie?« Und dann trug er mir, da er natürlich trotz allem ein Bürgerssohn war, in getragenem Ton, mit viel Gefühl und ohne zu stocken Goethes ›Erlkönig‹ vor. Wirklich wahr.

Mein Olten

Wenn im Winter der Wind von Nordosten her weht, riecht es in allen Gassen zartbitter nach der Schokolade, die Lindt & Sprüngli hinter dem Bahnhof kocht; wenn im Frühling der Wind auf Nordwest dreht, duftet die Stadt nach Wernli-Biscuits; und im Sommer, wenn sich über dem Jura die Gewitterwolken türmen, verströmen an der Aare die eintrocknenden Schlammbänke ihr betörendes Parfüm.

An diesem Fluss habe ich alle großen Dinge meines Lebens getan: mein erstes Mädchen geküsst, die erste Zigarette geraucht, den Tod meines Großvaters beweint, meine Frau erstmals geküsst und die Geburten meiner Söhne gefeiert. Im Sommer laufe ich oft die vier Kilometer flussaufwärts nach Aarburg, springe von der Brücke und lasse mich zurück nach Olten treiben, am liebsten auf dem Rücken, damit der Wanst an der Sonne ist. Wenn ich dann die Ohren unter Wasser halte, kann ich das Kullern der Kiesel am Grund des Flusses hören.

Aber auch im Sommer wird einem kalt, früher oder später, und man muss aussteigen. Das sollte noch vor der alten Holzbrücke geschehen, denn weiter flussabwärts wird's schwierig; rechts besteht das Ufer aus schwer erkletterbaren Betonmauern, links aus einem Felsvorsprung, auf dem uneinnehmbar die Altstadt thront. Die Alte Brücke übrigens wurde letztmals vor gut zweihundert Jahren in Brand gesteckt, und zwar auf

Befehl des bernischen Hauptmanns Karl Fischer von Reichenbach, der den einmarschierenden Franzosen das Überqueren der Aare erschweren wollte, und mit tatkräftiger Mithilfe der Bauern aus den umliegenden Dörfern, die seit vielen Jahrhunderten auf die Gelegenheit gewartet hatten, es den Städtern endlich mal zu zeigen. Als die harten Eichenbalken nach langer erfolgloser Zeuselei endlich Feuer fingen, hatte die Revolutionsarmee die Aare längst andernorts überquert und zog unbehelligt in Bern ein. Nach der Zerschlagung des Ancien Régime spendierten die Franzosen den Oltner Bürgern, die einander schon seit 1789 mit »Citoyen« angesprochen und blauweißrote Kokarden am Revers getragen hatten, eine neue Holzbrücke. Diese anzuzünden ist bis auf den heutigen Tag keinem Berner mehr in den Sinn gekommen.

Etwa zehn Meter über dem Fluss hängt mitten im Altstadtring ein verglaster Balkon mit Geranien, Tischen und Stühlen. Das ist die Terrasse des Restaurants Stadtbad, wo ich Stammgast bin. Als man noch achtzehn Jahre alt war und unglaubliche Mengen Bier soff und ein bisschen ungewaschen war und öfter auch kein Geld hatte, konnte der Wirt einen nicht ausstehen, und ich mochte ihn auch nicht. Er hieß Hans. Aber dann floss viel Wasser die Aare hinunter, die Mengen gesoffenen Biers wurden ein bisschen glaubhafter, man kam jetzt einigermaßen gewaschen daher und konnte seine Zeche fast immer bezahlen, und so wuchs man dem Wirt contre cœur ans Herz, und er einem ebenso. Heute wird das Stadtbad von der Tochter des Wirts geführt. Sie heißt Esther und ist in meinem Alter. Als Wirtin ist sie wie ihr Vater: Am liebsten hätte sie ausschließlich Stammgäste, die sie seit mindestens zwanzig Jahren kennt und mit schwesterlicher Fürsorge bewirten kann. Sie liebt uns, und wir lieben sie. Wenn aber hin und wieder ein ungewaschener Achtzehnjähriger sich ins Lokal verirrt, hebt sie die Augenbrauen wie damals ihr Vater und fragt mit genau derselben zickigen Höflichkeit: »Was darf's sein?«

Wenn ich mich recht erinnere, roch es auf der Stadtbad-Terrasse vor zwanzig Jahren nicht nur nach Lindt & Sprüngli und nach Wernli-Biscuits, sondern – je nach Windrichtung – auch nach Sunlight oder Von Roll, nach Berna, Giroud-Olma, Portland-Cement oder Eisenbahnwerkstätte. Das ist vorbei. Die Fabriken wurden geschlossen, die Firmen fusioniert und verkauft, die Produktion verlagert. Die Arbeiter sind verschwunden, ich weiß nicht, wohin. Die Direktoren sind gestorben oder ins Tessin gezogen oder nach Zürich an den neuen Sitz der Holding, was alles etwa aufs selbe hinausläuft. Und das Geld ist dorthin gegangen, wo noch mehr Geld ist. Was in Olten geblieben ist, sind rostende Geleise, zwischen denen Birken wachsen; ausgediente Fabrikhallen, in denen Einkaufs- und Fitnesszentren wuchern; die Ruinen des Zementwerks, in dem die Tauben gurren; die marmorne Schalterhalle der ehemaligen Handelsbank, in der sich eine Discount-Drogerie eingerichtet hat.

Ich weiß: In der Gießerei oder im Steinbruch zu malochen, war kein Zuckerschlecken, und es wurden neue, saubere Arbeitsplätze geschaffen in letzter Zeit bei den Banken, im Gastgewerbe, bei der Swisscom und der Wertschriftenzentrale. Aber, jetzt mal ehrlich: Wo soll das denn enden, wenn wir alle nur noch dienstleisten wollen aneinander? Jeder verkauft und kommuniziert und rechnet und versichert und bedient von früh bis spät, alle consulten und vermitteln und planen und werben und schriftstellern und gestalten und beraten – kann denn das gut gehen, bitte schön, wenn einfach niemand mehr etwas herstellen will? Ich meine: anfertigen? Machen? Aussäen und ernten?

Diese Dinge lasten dem erstgeborenen Enkel meines bäuerlichen Großvaters auf der Seele; vor ein paar Jahren schon habe ich in der Zeitung darüber geschrieben, und seither nennt mich der Oltner Stadtpräsident einen Nestbeschmutzer – natürlich nur, wenn ich es nicht höre. Der Stadtpräsident findet es nicht gut, wenn man Dinge nicht gut findet. Er ist gegen Defätismus, und in seinen Ansprachen redet er gern von Standortmarketing, Wachstumsbranchen, Win-win-Situationen und positiven Trends.

Der Vorgänger des aktuellen Stadtpräsidenten hingegen sagte vor ein paar Jahren dem Westschweizer *Nouveau Quotidien*, dass Olten als Gemeinschaft an Hirnschwund leide – dass am Ende der industriellen Ära nicht nur die Fabriken aus den Kleinstädten verschwänden, sondern gleichzeitig das zugehörige Bildungs- und Kulturbürgertum, das sich selbst zu Gefallen hundert Jahre lang Bibliotheken, Museen, Theater und Konzertsäle unterhielt. Das Interview war auf Französisch geführt worden, auf Französisch wurde es auch gedruckt, und wahrscheinlich hatte der Stadtpräsident seinen Mut aus der Hoffnung geschöpft, dass in Olten der Hirnschwund schon so weit fortgeschritten sei, dass kein Mensch eine französischsprachige Zeitung lese. Unglücklicherweise aber nahm die *Schweizer Illustrierte* den stadtpräsidialen Gedanken auf und druckte ihn ab – auf Deutsch. Darauf hob in Olten ein Sturm der Empörung an, der den vormaligen Stadtpräsidenten derart erschreckte, dass er auf einmal nichts mehr gesagt haben wollte.

Zurück zum Fluss. Wenn man im Schnellzug Zürich–Genf bei Olten die Aare überquert, fällt einem rechterhand ein mächtiger Felsblock auf, der mitten im Fluss der Strömung trotzt. Das ist der Franzos'. Laut Legende heißt er so, weil vor zweihundert Jahren zwei französische Soldaten nachts auf einem Floß samt Kanone den Fluss hinuntertrieben, im Dunkeln den bis dahin namenlosen Fels übersahen, kenterten und in ihren schweren Filzuniformen ersoffen. Die Aare ist an dieser Stelle nur vier Meter tief, aber voller Strudel. Seit dreißig Jahren schwimme ich über die Kanone hinweg, die niemand je gesehen hat, und träume davon, der Sache auf den Grund zu gehen.

Ein anderer Traum, den ich seit jenen ungewaschenen Teenager-Tagen hege: Einmal im Leben auf der Stadtbad-Terrasse ein Bier zu trinken, zu bezahlen und dann das Lokal mit einem Sprung in die Aare zu verlassen. Acht bis zehn Meter Höhe, würde ich schätzen, und drei bis vier Meter Abstand zum Felsenufer. Laut Legende liegen dort unten aber massenweise Stadtbad-Stühle und -Tische, übers Geländer befördert von Generationen ungewaschener Achtzehnjähriger, und vermutlich strecken sie ihre spitzen Beine rachsüchtig nach oben und warten darauf, dass endlich einer der Versuchung erliegt und springt.

Um halb zwölf hat das Stadtbad Feierabend, wenn Bayern München verloren und Esther schlechte Laune hat. Aber keine Sorge, wir ziehen weiter.

Olten never sleeps, wenn man sich auskennt. Ins National vielleicht, dessen Wirt aussieht wie Joe Dalton? Dann gehen wir auf einen Sprung in die Bodega, trinken mit den glutäugigen Brüdern Castillo einen Carajillo und lassen uns von ihren schönen Schweizer Freundinnen Tapas reichen. Danach schauen wir bei Nagy's rein und lassen uns von Wirt Martin erklären, wieso Dublin das New Orleans des weißen Blues ist. Anschließend schlage ich einen Abstecher ins Metro vor, wo eben ein Konzert begonnen hat, und dort werden wir wieder einmal erfahren, dass die Stunden nach Mitternacht wesentlich schneller vergehen als alle anderen; das Rad der Zeit ist gar kein Rad, sondern ein Ei, und eh man's sich versieht, wird's draußen hell …

Träume sind erblich. Als mein ältester Sohn fünf Jahre alt war, sagte er: »Papa, man könnte doch ein großes Schlauchboot zu Wasser lassen und die Aare hinuntertreiben Tag und Nacht, an Basel vorbei und an der Lorelei bis ins Meer ...« Ich habe ihn lang angeschaut und genickt. Jetzt ist er neunzehn, diesen Sommer sollten wir's endlich tun. Denn es ist die Aare, die in Holland ins Meer fließt, und nicht der Rhein.

Eine seltsame, schiefrund geformte Perle

In einer nebligen Novembernacht krachten am Jurasüdfuß zwischen Oensingen und Oberbuchsiten zwei Autos ineinander. Am Steuer des einen saß ein Oltner, am anderen ein Solothurner. Da sie beide sofort tot waren, stritten sie nicht über Schuld und Unschuld, sondern betrachteten versonnen lächelnd die Unfallstelle und schwebten dann einträchtig nebeneinander himmelan. Nach kurzem Steigflug gelangten sie über der Tiefmatt an eine Wolkenwand, durch die zwei Türen führten. Auf der linken stand: »Eingang ins Paradies«, auf der rechten: »Vorbereitungskurs fürs Paradies«. Der Oltner wählte die linke Tür, der Solothurner die rechte.

Diese Geschichte erzählt man sich in Olten gern, wenn vom Nachbarstädtchen Solothurn die Rede ist. Ob sie sich tatsächlich zugetragen hat, kann ich naturgemäß nicht beurteilen. Mit einiger Sicherheit weiß ich aber, dass in Olten äußerst selten von Solothurn die Rede ist. Nach meiner Erfahrung redet man beispielsweise im *Rathskeller* über alle möglichen Weltgegenden, aber nie über Solothurn. Da berichtet einer von jener Eisdiele in Vancouver, die Speiseeis mit Knoblauch- oder Wurstgeschmack anbietet; ein anderer weiß, dass man im Hafen von Hamburg ein sowjetisches U-Boot besichtigen kann; und wieder ein anderer hat die Erfahrung gemacht, dass im Zoo von Addis Abeba die Löwen scheußlichen Mundgeruch haben. Aber Solothurn, das keine fünfunddreißig Kilometer westlich liegt? Vielleicht erwähnt mal einer, dass er nach Solothurn ins Passbüro musste und dass ihm am Ortseingang diese großen Schilder auffielen, auf denen »Solothurn, schönste Barockstadt der Schweiz« steht. Dann runzeln die andern die Stirn, und einer sagt: »Ehrlich? Stellen die jetzt solche Schilder auf?« Und dann wechselt man taktvoll das Thema.

Als Oltner, ich gestehe das offen, kann ich mich nicht genug wundern über diese Manifestation solothurnischen Selbstverständnisses; so etwas wäre bei uns nicht möglich. Man muss kein Prophet sein, um vorauszusehen, dass an den Oltner Ortseingängen auch in tausend Jahren keine solchen Schilder stehen werden. Es fehlt uns dazu an den Voraussetzungen. Erstens ist Olten mutmaßlich keine Barockstadt und zweitens ganz gewiss nicht rekordverdächtig schön, und drittens würde jeder Oltner vor Scham im Boden versinken, wenn seine Stadt auf großen Schildern Eigenlob betriebe. »Bahnhof Olten, der Nabel Europas« – so etwas liegt uns einfach nicht. »Olten, die Wiege der Schweizer Literatur, des Generalstreiks sowie des Schweizer Frankens und der Zahnradbahn« – das wäre wohl alles wahr, uns aber einfach peinlich. »Olten, Heimstätte von Banago, Usego, Mike Müller & der Christkatholischen Kirche« – lieber nicht. Wer will, soll herkommen und sich Olten anschauen, dann wird er schon sehen.

Mit keinem Wort aber will ich den Wahrheitsgehalt solothurnischer Ortsschilder anzweifeln. Ich will gern glauben, dass Solothurn die schönste aller Schweizer Barockstädte sei, von denen es offenbar eine erhebliche Anzahl gibt und deren Schönheitsgrad sich anscheinend empirisch messen lässt. Allerdings muss ich gestehen, dass ich bis anhin nicht herausgefunden habe, was man unter einer Barockstadt zu verstehen hat.

Laut meinem Lexikon kommt das Wort »Barock« (»der« oder »das« Barock) aus dem portugiesischen »barocco« und bedeutet »seltsam geformte, schiefrunde Perle«. Ist Solothurn also eine seltsam geformte, schiefrunde Perle? Das fände ich persönlich recht hübsch, doch habe ich meine Zweifel, ob die Solothurner ihre Ortsschilder so verstanden wissen möchten. Dies umso mehr, als aus dem portugiesischen »barocco« im 18. Jahrhundert das französische »baroque« hervorging, das den versnobten Franzosen, dieser schaurigen Tatsache müssen wir jetzt einfach ins Auge schauen, als Schimpfwort diente für alles, was dem guten, will heißen klassizistischen Geschmack widersprach.

Daraus zu schließen, dass Solothurn die schönste Schweizer Kapitale des schlechten Geschmacks sei, wäre natürlich albern. Aber was dann? Barock – wofür steht diese Epoche? Wenn ich in meinem Lexikon weiterlese, erfahre ich allerhand Wissenswertes über Gottkönige und katholische Popanze, die das Landvolk – auch und gerade im feudalen Solothurn – mit immer höheren Steuern in Hunger und Elend trieben, womit sie immerhin die nötige Vorarbeit zur Französischen Revolution leisteten. Das ist nun interessant und wäre ein Deutungsansatz, der gerade im Untertanenstädtchen Olten mit bitterer Zustimmung aufgenommen würde; denn seit vielen Jahrhunderten leben die Oltner im Wissen, dass sie die Steuergelder erwirtschaften, welche die Solothurner verjubeln. Dass die Oltner Bürger 1798 den französischen Revolutionstruppen freudig entgegenliefen, mag man deshalb als ungeschickten Versuch der Steueroptimierung verstehen und strafmildernd zur Kenntnis nehmen, dass sie immerhin davon Abstand nahmen, die Solothurner Aristokraten nach französischem Vorbild an die Laternenmasten zu knüpfen, weshalb es in den Gassen der Hauptstadt bis auf den heutigen Tag von Herrschaften namens Von Roll, de Vigier, von Sury und so weiter wimmelt.

Preist sich also Solothurn mit seinen Ortsschildern als schönste Heimstatt der feudalen Gesellschaftsordnung an? Aber nein. Ich will mich jetzt mal nicht mehr weiter so anstellen und zugeben, dass ich auf Anhieb verstanden habe: Die Architektur ist gemeint. Die Bausubstanz. Die Kulisse. Und die ist, auch das will ich gern anerkennen, wirklich sehr schön. Die Gassen, die Kirchen, die Giebel. Die Geranien. Wenn es üblich wäre, auf Ortsschildern auch Kleingedrucktes anzubringen, könnte man unter der Schlagzeile auch noch vermerken, dass der Bau der schönsten Barockstadt der Schweiz großmehrheitlich finanziert wurde mit dem Blutgeld, das die Solothurner Patrizier jahrhundertelang kassierten, weil sie dreizehn-, vierzehn- und fünfzehnjährige Bauernbuben aus Mümliswil, Gunzgen und Olten zwangsweise nach Frankreich in fremde Kriegsdienste schickten. Wobei ich einsehe, dass Ortsschilder sich vor allem an Autofahrer richten und dass es der Verkehrssicherheit abträglich sein kann, wenn diese abrupt bremsen, um Kleingedrucktes zu lesen. Das könnte namentlich in nebligen Novembernächten zu erheblichem Mehrverkehr an den eingangs erwähnten Himmelspforten führen.

So verschieden die Wege ins Paradies für Solothurner und Oltner sind, so sehr unterscheiden sich schon vorgängig die Methoden irdischer Glücksfindung. Der wichtigste Unterschied auch hier: Solothurner besuchen Kurse. Tangokurse für Elektromonteure. Pensionistenphilosophie mit Hans Saner. Bastle deinen eigenen Drachen. Du und der piemontesische Rotwein. Pétanque spielen – aber richtig! Kurse, Kurse, Kurse. Und wenn einem Solothurner zwischen zwei Kursen ein Fitzelchen Lebenszeit übrig bleibt, tut er sich flugs mit zwei oder drei anderen Solothurnern zusammen und stellt beispielsweise ein Filmfestival auf die Beine. Oder Literaturtage. Oder ein Open-Air-Festival für klassische Musik. Verwandelt leer stehende Fabriken und Garagen in Kulturzentren. Und wenn dann immer noch ein Stündchen brachliegt, stürzt er sich – diesmal als Konsument – ins reichhaltige kulturelle Angebot.

Das alles, ich muss es leider zugeben, gibt es in Olten nicht. Wir haben grad die ollen Kabarett-Tage, dann hat es sich schon. Na, wir haben früher diese schönen Berna-Lastwagen gebaut, das war auch irgendwie Kultur, und die Giroud-Olma hat hübsche runde Kanalisationsdeckel gegossen, und der Niklaus Riggenbach hat aus den Kesseln ausgedienter Dampfloks die runden Türme des Sälischlössli zusammengeschweißt – das ist unser Schloss Neu-Schwanstein. Und wem das alles noch nicht genug Kultur ist, der soll in den Stadtpark gehen, dort steht, wenn's mir recht ist, bis auf den heutigen Tag eine Luginbühl-Plastik, die man zu privatisieren vergessen hat. Ansonsten aber gehen wir tagsüber zur Arbeit, und wenn wir abends heimkehren, sind wir rechtschaffen müde und wollen um Himmels willen keine Kurse besuchen, sondern einfach unseren Spaß haben. Dann trinken wir vielleicht ein Glas Wein und spielen Pétanque, und wer grad seine Kugeln nicht dabeihat, denkt übers Leben nach, lässt einen Drachen steigen oder riskiert ein sündiges Tangotänzchen mit der schönen Melanie. Von fern betrachtet – also von sehr fern, etwa von der Raumstation ISS aus, falls gerade kein Novembernebel die Sicht versperrt – könnte der Eindruck entstehen, als würden oltnerische Lustbarkeiten sich gar nicht so sehr von solothurnischen unterscheiden. Wein, Pétanque, Drachen steigen lassen, Tango mit Melanie. Bei näherem Hinsehen wird aber augenfällig, dass die Solothurner alles ein bisschen besser können, weil sie eben Kurse besucht haben. Sie schütten sich den Wein nicht einfach so hinter die Binde, sondern dekantieren, genießen und bewerten ihre edlen Tropfen, wie man es ihnen beigebracht hat. Sie spielen besser Pétanque als jeder Franzose, ihre Drachen steigen bis in die Stratosphäre, und beim Tangotanzen hat der hölzernste aller Solothurner Primarlehrer doppelt so viel Leidenschaft im Blut wie ganz Argentinien. Das müssen wir Oltner einfach zugeben, da führt kein Weg dran vorbei.

Hin und wieder kommt es vor, dass ich in Solothurn gegen branchenübliches Entgelt vor Publikum ein paar Geschichten zum Besten gebe. Bei solchen Anlässen staune ich immer – im Ernst jetzt –, wie viel Achtung das Solothurner Bürgertum seinen Künstlern zollt. Die schönen Künste scheinen diesen Leuten wirklich wichtig zu sein, und sie bringen dem Darbietenden aufrichtige Anerkennung, manchmal geradezu Verehrung entgegen. Das ist sehr wohltuend und erholsam, wenn man ein Oltner Künstler ist, aber auch ungewohnt und beschämend. Was habt ihr bloß, möchte man dann ausrufen, ich bin's doch nur, der olle Capus, habt euch doch nicht so, das wird ja allmählich peinlich.

In Olten weiß jeder – und er hat es zu wissen –, dass er kein bisschen besser ist als die anderen. Was die Oltner beispielsweise über mich als Schriftsteller denken, weiß ich genau. »Schau da, der Capus«, denken sie, wenn ich ihnen in der Migros über den Weg laufe. »Den habe ich doch kürzlich im Fernsehen gesehen. Der soll sich mal nichts einbilden. Ob's dem Capus schon zu Kopf gestiegen ist? Ein bisschen hochnäsig steht der schon da vor dem blöden Käseregal. Dabei ist er doch mit mir in den Kindergarten gegangen. Wieso sollte aus dem etwas geworden sein? Aus mir ist schließlich auch nichts geworden. Ob ich ihn grüßen soll? Ach nein, lieber nicht.« Und weg sind sie.

In solchen Augenblicken wünschte ich manchmal, ich wäre ein Solothurner. Dann würde ich huldvoll zurückgrüßen vor dem Käseregal, und nach dem Einkaufen würde ich auf ein Glas ins Kreuz gehen und ein bisschen Hof halten. Und vielleicht würde ich mir ein Schild um den Hals hängen, auf dem steht: Ich bin eine seltsam geformte, schiefrunde Perle.

Wir sind alle Eisenbahner

Wenn in der weiten Welt die Rede auf Olten kommt, sagen die meisten Menschen – wenn überhaupt etwas –, dass sie von Olten nur den Bahnhof kennen. Das ist ganz richtig so und völlig ausreichend. Wer herkommen will, braucht bloß aus dem Zug zu steigen, alles andere wird sich finden. Denn im Unterschied zu ihren Nachbarstädten verlangt Olten vom Neuankömmling keine Vorkenntnisse, stellt keine Aufnahmebedingungen und fordert kein Leumundszeugnis. Jeder kann ein Oltner werden, wenn er will. Es macht nichts, wenn einer keinen alteingesessenen Namen hat und den örtlichen Dialekt nicht beherrscht. Es macht auch nichts, wenn er schwarze Augen hat und sich fremdländisch kleidet. Wer sich hier niederlässt, ist ein Oltner. Formalitäten sind keine zu erledigen. Man muss keinem Verein angehören und keine Gebühr entrichten, muss nicht jahrzehntelang lokalen Würden- und Wasserträgern hofieren, um als Einheimischer anerkannt zu werden. Ein Beitritt zu Kirche oder Partei wird nicht verlangt, ebenso wenig eine Anstellung bei den Schweizerischen Bundesbahnen. Hingegen gibt es ein paar Eigenschaften, die man nicht haben sollte, wenn man in Olten heimisch werden will. Man sollte nicht hochmütig sein. Man sollte keinen Standesdünkel haben. Man sollte einen Witz ertragen und auch mal einen machen können. Man sollte kein Fanatiker sein. Und wenn man darüber hinaus ein einigermaßen geselliger Mensch ist, der es gelegentlich auf eine Stunde im *Rathskeller* oder im Café Ring aushält, gilt man informell als eingebürgert. Vom ersten Tag an. Ohne Probezeit.

Die meisten Oltner, die ich kenne, sind eigentlich fremde Fötzel. Stadtpräsident Ernst Zingg? Eine Art Aargauer. Eishockeylegende Erich Künhackl? Ein Deutscher. *Rathskeller*-Wirt Roger Lang? Ein Texaner. Mein Wanderfreund Werner? Ein Belgier. Mein Jugendgefährte Guido, von dem ich mich keinesfalls pflegen lassen will, wenn ich mal ins Krankenhaus muss? Ein Appenzeller. Bruno ist in Stans aufgewachsen und Enzo in Kalabrien, Hermann in Wien und Graziana in St. Gallen, Isabelle in Härkingen und Ahmed in Casablanca, Nadine in Leipzig und Röbi sogar in Grenchen. Meine Frau Nadja ist Italienerin, und ich selbst bin ein halber Franzose, und meine Kinder sehen zuweilen ein bisschen spanisch aus, besonders bei Sonnenuntergang. Uns alle hat die Eisenbahn hergebracht, und die Stadt ihrerseits hat uns in kürzester Zeit zu Oltnern gemacht.

Seit hundertfünfzig Jahren geht das nun so. Seit die erste Dampflok im Bahnhof Olten einfuhr, ist die Stadt um das Zehnfache gewachsen, haben sich Zehntausende von Neuankömmlingen hier niedergelassen, manche auf Dauer, andere vorübergehend. Da konnte es nicht ausbleiben, dass die fremden Fötzel bald erdrückend in der Überzahl waren und dass die alteingesessenen Oltner Familien – die Affolters, Büttikers, Distelis, Hammers, Kisslings, Munzingers – klug vorausschauend darauf verzichteten, gegenüber den Einwanderern aristokratische Herrenattitüden zu entwickeln. Oh, natürlich behielten sie wo immer möglich das Sagen, man soll nicht naiv sein; aber das republikanische Diktat des Bahnhofs bewirkte immerhin quer durch die Jahrzehnte, dass am Oltner Beizentisch, am Schulfest und an der Chilbi zuverlässig eine angenehme Atmosphäre von Freiheit, Gleichheit und Brüderlichkeit herrscht.

Gewiss wäre es falsch, den republikanischen Oltner Geist ganz und gar dem Einfluss der Eisenbahn zuzuschreiben; vermutlich haben sich die Oltner ihre Weltläufigkeit – das Bewusstsein also, dass es auch jenseits der Vororte Wangen und Trimbach eine Welt gibt – lang vor dem Bau der ersten Bahnlinie angeeignet. Schon vor zweitausend Jahren hatte auf der alten römischen Heeresstrasse, die über die Aare, durchs Städtchen und über den Hauenstein führte, ein stetiger Durchzug von fremden Fötzeln geherrscht, die gelegentlich hängen blieben und sesshaft wurden. Man könnte also sagen, dass Olten schon tausend Jahre vor der Eisenbahn eine Eisenbahnerstadt war.

So prägt die Stadt ihre Bewohner. Wir Oltner sind alle Eisenbahner, ob wir nun bei den Schweizerischen Bundesbahnen angestellt sind oder nicht. Es ist für das Klima in den Altstadtgassen von erheblichem Einfluss, dass im Bahnhof Olten direkte Schnellzüge nach Paris, Hamburg, Moskau, Neapel und Madrid stehen. Da ist die Gefahr gering, dass provinzielle Selbstgefälligkeit überhandnimmt. Einerseits macht die Stadt also alle Oltner zu Eisenbahnern; umgekehrt haben auch die Eisenbahner Olten zu der Stadt gemacht, die sie ist. Man sieht ihr an, dass sie nicht von Aristokraten gebaut wurde, auch nicht von Spießbürgern und nicht von Lumpenproleten. Es gibt in Olten weder Schlösser noch Paläste oder Villenviertel, aber auch nur wenige Mietskasernen. Olten wurde zur Hauptsache von Eisenbahnern gebaut, und zwar in den ersten acht Jahrzehnten nach Eröffnung des Bahnhofs – von Leuten also, die zwar nie zur besitzenden Schicht, aber auch nicht zur Klasse der entrechteten Fabriksklaven gehörten. Die Eisenbahner waren selbstbewusste Arbeiter im Beamtenstatus, die im

Voraus wussten, wie viel Lohn sie über zehn, zwanzig und fünfzig Jahre beziehen würden. Und weil sie Fahrpläne lesen und rechnen konnten, ließen sie maßgeschneiderte Häuschen bauen und zahlten diese über die Jahrzehnte zuverlässig ab. Klein, aber mein: Drei- oder Vierzimmerwohnung im Zweifamilienhaus, Vorgarten mit Blumenbeet und Veloabstellplatz, hinten hinaus Pflanzblätz, Apfelbaum und Kaninchenstall. So sieht Olten heute noch über weite Strecken aus. Zwar werden die Zweifamilienhäuser nach und nach zu Einfamilienhäusern umgebaut, und da und dort wird der Vorgarten als Parkplatz zubetoniert. Aber gleichzeitig werden die Quartierstraßen zu Wohnstraßen, und in den Gärten wachsen erstaunlich viele Kinder ziemlich glücklich heran. Wenn ab der zweiten Hälfte des zwanzigsten Jahrhunderts nicht ein paar ganz üble Bausünden begangen worden wären, könnte man die Stadt heute noch als ausgesprochen grün bezeichnen. Wer in solchen Gärten heranwächst und in solchen Häusern wohnt, hat die dazu passende Gesinnung. Man hilft dem Nachbarn beim Schneeräumen, seinen Schwedenofen soll er aber bitte selbst bezahlen. Man besucht ihn im Krankenhaus, aber bei der Kindererziehung sollte er einem nicht dreinreden. Wenn der Oltner Eisenbahner politisch wird, hat er's entweder mit den Sozialdemokraten oder mit den Freisinnigen, das kommt nicht so drauf an; traditionell ist der Oltner Freisinn sozialer als vielenorts die SP, und die SP ist freisinniger als andernorts die FDP. Bahnsoziologisch schwieriger einzuordnen sind die Katholisch-Konservativen, da ihr Daseinszweck eigentlich ein vorindustrieller ist. Praktisch inexistent, weil eines Eisenbahners unwürdig, ist rechtsnationaler Pöbel. Und die Kommunisten waren, solange es sie gab, stets zugewanderte Bürgersöhne aus dem Herrenstädtchen Solothurn, die sich in Olten die Hörner abstießen.

Es ist ihr republikanisches Augenmaß, das die Stadt sympathisch macht. Wahr ist aber auch, dass dieses Augenmaß einen Hang zum Mittelmaß nach sich zieht. Zwar gibt es in Olten kaum gepuderte Perücken und nur wenig kahlrasierte Schädel, aber auch kaum die großen Köpfe, die die Menschheitsprobleme des dritten Jahrtausends lösen werden. Kühne Entwürfe, große Gesten, geniale Ideen – das ist nicht die Stärke der Eisenbahner. Plant Olten mal eine Flaniermeile am Flussufer, wird's zum Schluss immer nur ein Imbissstand. Die Stadtbibliothek ist zwar schön, aber dem Eisenbahnergemüt wär's lieber, sie würde ein bisschen weniger kosten. Hin und wieder darf die Stadt wohl ein Fest feiern anlässlich dieses oder jenes Jubiläums – aber um Mitternacht ist dann Polizeistunde, schließlich soll man nichts übertreiben und muss der Eisenbahner anderntags wieder mit null Promille zum Dienst antreten. Eine Umfahrungsstraße? Ja bitte, aber nur eine halbe, die dann mitten in der Stadt aufhört. Und das Stadttheater: Müsste das nicht Rendite abwerfen oder wenigstens selbsttragend sein? Natürlich lässt sich nicht ausschließen, dass in diesem oder jenem Oltner Vorgarten gerade jetzt ein ungewöhnlich helles Köpfchen heranwächst. Das wird man zuständigen Ortes gewiss erkennen, schätzen und fördern. Aber wenn das Köpfchen erst mal groß ist, wird es sehr wahrscheinlich wegfahren, und zwar mit der Bahn. Vielleicht nach Moskau, Paris oder Madrid. Das ist schade. Tröstlich ist immerhin eines: Hat das Köpfchen erst mal Kinder, kehrt es mit einiger Wahrscheinlichkeit nach Olten zurück. Denn Moskau, Paris und Madrid liegen verdammt weitab vom Schuss.

Hooliganismus älterer Damen

Es ist dem Wohlbefinden schon sehr förderlich, wenn man sich nicht unnötig aufregt. Die Hunde beispielsweise, die mich beim Joggen im Bannwald verfolgen und über die ich mich früher furchtbar aufgeregt habe: Hat mich von denen je einer gebissen? Nein. Also rege ich mich erst wieder auf, wenn mich einer beißt. In der Zwischenzeit beruhigt sich meine Gallenblase und erhöht sich meine Lebensqualität, und die Hundebesitzer verspüren weniger Rechtfertigungsdruck; vermutlich ist sogar für die Hunde der Waldspaziergang ein bisschen schöner geworden. Anderes Beispiel: die Balkanjungs vor dem McDonald's, über die sich die Leserbriefschreiber so fruchtbar aufregen. Was mich betrifft, so ist mir von denen noch nie einer besonders gefährlich vorgekommen. Keiner hat mir je aus nichtigem Anlass Ohrfeigen angeboten, die Geldbörse gestohlen oder das Fahrrad entführt. Die stehen in ihrer Freizeit halt so rum in ihren Trainingsanzügen, und wenn man sie um Feuer oder die Uhrzeit bittet, freuen sie sich. Kein Grund, sich aufzuregen. Höchstens, dass mal einer seinen Kaugummi auf den Gehsteig spuckt. Die Stichwunde in meinem Oberschenkel jedenfalls stammt vom Regenschirm einer älteren Dame, die am Bahnhof Olten unbedingt vor mir in den Zug nach Basel einsteigen wollte.

Als regelmäßiger Bahnfahrer kann ich vor diesem Menschentypus nur warnen. Spitzer Schirm, kantige Handtasche, scharfes Mundwerk. Der Hooliganismus älterer Damen ist ein ernstes, in den Medien viel zu selten thematisiertes Problem, das sich mit der Überalterung der Gesellschaft erheblich verschärfen wird. In diesem Zusammenhang möchte ich eine andere schwerwiegende Sache ansprechen, die mich unsäglich aufregt: dass ältere Damen in der Selbstbedienung immer an sämtlichen Brotlaiben rumdrücken müssen, bevor sie sich für einen entscheiden, der noch einigermaßen knusprig ist, weil eben noch keine Hundertschaft älterer Damen daran herumgedrückt hat. Oder dass ältere Damen immer ausgerechnet dann an der Kasse ihre Reka-Checks hervorbröseln müssen, wenn die gesamte werktätige Bevölkerung … schon gut, ich weiß, bin ja schon still. Noch hat mir keine ältere Dame wirklich etwas getan. Aber der Stich mit dem Regenschirm war wirklich schmerzhaft.

Hooliganismus jüngerer Schriftsteller

Der Himmel beschütze mich vor dem Zorn älterer Damen! Genau 138 wütende Briefe habe ich als Antwort auf meine Tirade über den Hooliganismus älterer Damen bisher erhalten, die anonymen Schmähanrufe nicht mitgezählt. Frau D. A. aus J. hat Pro Senectute alarmiert und hofft, dass ich Berufsverbot als Schriftsteller bekomme. Frau J. Z. aus P. wünscht sich, dass meine Mutter den undankbaren Sohn verstößt. Frau S. R. aus L. erinnert mich daran, dass auch ich eines Tages alt sein werde, auch wenn ich keine Dame bin. Frau L. O. aus N. fragt mich, weshalb ich älteren Damen ihren wohlverdienten Lebensabend missgönne. Und Frau W. T. aus B. sagt, ich sei wie die Nazis, die in der Ukraine ältere Menschen im Dorfbrunnen ersäuften. Ein Scherzlein wollte ich machen, und schon bin ich ein Kriegsverbrecher. Daraus kann man lernen, dass man keine Witze über ältere Damen reißen soll – und über ältere Herren vorsichtshalber wohl besser auch nicht.

Aber über wen dann?

Es wäre wohl wenig zielführend, einfach nur die älteren Menschen zu verschonen und ersatzweise, sagen wir, die Menschen mittleren Alters aufs Korn zu nehmen. Das sogenannt beste Alter ist, darüber weiß ich persönlich bestens Bescheid, mit zahlreichen, nicht zu unterschätzenden Kümmernissen beladen, worüber zu spotten sich anständigerweise verbietet.

Bleiben also nur die jungen Leute – aber die haben nun wirklich auch ein bisschen Schonung verdient, wenn man an die Klimakatastrophe, die Finanzkrise und den Kollaps der Sozialwerke denkt. Über wen also soll man Witze reißen? Über Teenager und Kinder vielleicht, deren Seelen noch derart zart und verletzlich sind? Also besser keine Scherze mehr über Menschen, egal welchen Geschlechts und welchen Alters. Worüber aber dann? Über Haustiere – Hunde vielleicht? Nein, das halten Herrchen und Frauchen nicht aus. Keine Witze über Hunde, das ist Regel Nummer eins bei allen Zeitungsredaktionen weltweit. Keine Menschen, keine Hunde – was bleibt da noch? Witze über Kakteen? Straußenvögel? Wolkenformationen? Stabmixer? Den Versuch könnte man wohl wagen. Aber leider fällt mir dazu nichts ein.

Vielleicht sollte ich nicht ständig Witze reißen wollen, sondern auch mal in mich gehen und mehr Verständnis für meine Nächsten aufbringen. Frau H. D. aus W. nämlich klärt mich darüber auf, dass ältere Damen mit ihrer Brotdrückerei keineswegs nach knusprigem Gebäck fahnden, sondern im Gegenteil nach möglichst weichem. »Unsere Zähne sind nicht mehr so solide wie in der Jugend«, schreibt sie, »und seitdem ich in einem Nussbrot auf eine darin verbliebene Schale biss, was mich den Zahn kostete, bin ich vorsichtig geworden. Im Übrigen glaube ich nicht, dass durch das Drücken das Brot an Knusprigkeit verliert. Sonst wäre es einfach, jedes Brot unbesehen nach Hause zu nehmen und ein wenig daran herumzudrücken, damit es weich wird. Das ist aber nicht der Fall. Und immer eingeweichtes Brot zu essen, ist auch nicht gerade ideal.«

Aha, so ist das also. Na dann, nichts für ungut.

Hooliganismus (dritter und letzter Teil)

Diesmal will ich nichts Ungehöriges über ältere Damen sagen, ich schwör's, sondern das Verhältnis zwischen Jung und Alt aus anderer Warte betrachten. Kürzlich rief mein Vater an. Er wohnt in der Bretagne, ich in Olten. Ich war gerade nicht zu Hause, weshalb mein vierzehnjähriger Sohn den Hörer abnahm. In der Folge entspann sich zwischen Großvater und Enkel ein Gespräch. Die Sache war nun die, dass beide glaubten, sie würden mit mir sprechen – mein Vater hielt meinen Sohn für mich, und mein Sohn hielt meinen Vater für mich. Es dauerte eine ganze Weile, bis das Missverständnis aufgeklärt war. Daraus folgt logisch unausweichlich, dass wir alle drei die gleiche Stimme haben. Das hat etwas Geisterhaftes, diese Zeitreise der Gene. Es gibt ein Foto, auf dem ich glaube, ich sei drauf. Nur dass das Bild 1928 aufgenommen wurde und da noch nicht einmal mein Vater geboren war. Das Alter Ego, das mir da entgegenblickt, ist mein Großvater väterlicherseits. Der kleine Bub auf dessen Schoß, der meinem Sohn Sascha zum Verwechseln ähnlich sieht, ist mein Onkel Michel, den wir letztes Jahr zu Grabe getragen haben. Der Garten, in dem das Bild entstand, wurde in den letzten Wochen des Zweiten Weltkrieges in einen Bombentrichter verwandelt. Seither hat sich die Familie in alle Winde zerstreut, und jeder wird am Ende seines Lebens dort begraben, wo er halt gelebt hat, Hunderte von Kilometern von den Grabstätten seiner Väter und Großväter entfernt. Ich kenne einen Ort, an dem das noch nicht so ist. Auf Samoa, wo ich diesen Sommer dienstlich unterwegs war, bestatten die Menschen ihre Toten mitten im Vorgärtchen, manchmal auch im Innern des Hauses, in der guten Stube. Wenn die Familie umzieht, öffnet sie das Grab und nimmt den Toten mit. Und bis am neuen Ort das Grab bereit ist, stellt man im Schlafzimmer ein zusätzliches Bett auf, bettet die Gebeine darauf und freut sich, dass die Oma für einen Monat oder zwei zurückgekehrt ist in den Kreis der Familie. Das ist wirklich wahr. Ich habe Zwölfjährige gesehen, die glücklich mit Opas Oberschenkelknochen spielten. Ob mit einer Übernahme des samoanischen Totenkults der helvetische Generationenvertrag erneuert werden könnte, weiß ich nicht; vermutlich wäre eine Reihe von Gesetzesänderungen nötig. Jedenfalls wünsche ich uns allen, Jung und Alt und Mann und Frau, ein langes und glückliches Leben.

Sohnespflicht

Wenn einer ein Buch schreibt und dieses durch eine Verkettung sonderbarer Umstände gedruckt wird, sollte er eines nicht tun: ein Exemplar seiner Mutter schenken. Natürlich muss er es tun, weil das Sohnespflicht ist und sich so gehört. Aber es bringt nur Ärger. Für alle. Ich weiß, wovon ich rede. Es ist jedes Mal ein schöner Augenblick, wenn mir die Post das allererste Exemplar duftend frisch ab Druckerei ins Haus bringt. Das stecke ich mir in die Tasche und gehe auf einen Sprung ins Stadtbad, präsentiere es mit verschämtem Stolz der Wirtin und lasse mich für meinen Fleiß loben, und dann bringe ich es zur Post und schicke es meiner Mutter.

Jedes Mal.

Dann warte ich auf ihren Anruf, der leider nie lang auf sich warten lässt. Einen Tag vielleicht, oder zwei. Dabei weiß ich immer: Es wird ihr nicht so richtig gefallen. Sie wird in großer mütterlicher Sorge um mein weiteres Fortkommen sein. Das Buch wird schlechte Kritiken bekommen, die Leute werden es nicht kaufen. Mein Broterwerb ist dahin, ihre Enkel werden hungern.

In dieser Gemütslage ist sie jedes Mal, wenn sie das Buch ausgelesen hat und mich anruft.

»Also weißt du, hm, hm, musste das sein? So ein Krimi ist doch albern.«

»Das ist doch kein Krimi, Mama.«

»Aber die Sprache …«

»Was ist mit der Sprache?«

»Auf Seite 197 steht ›Gottverdammich‹.«

»Und?«

»Dreimal steht da ›Gottverdammich‹. Das ist mir peinlich.«

»Manchmal sagen die Leute halt ›Gottverdammich‹, Mama.«

»Aber du doch nicht!«

»Nein«, gebe ich zu. »Außer manchmal.«

So geht das jedes Mal. Groß ist der Kummer, fürchterlich die mütterliche Sorge. Bis dann die ersten freundlichen Kritiken erscheinen – dann gibt's Licht am Ende des Tunnels. Und wenn ich erst noch im Fernsehen komme, ist alles wieder in Ordnung.

»Bub, ich bin stolz auf dich! Aber dein Hemd!«

»Was ist mit dem Hemd?«

»Das war doch nicht gebügelt!«

Ich schwör's: Beim nächsten Buch wird alles besser.

Dichtung und Wahrheit

Wenn man als Schriftsteller in einer Kleinstadt lebt – in einem Dorf oder in einer Großstadt wird's nicht viel anders sein, und irgendwo muss man schließlich leben –, bringt das diplomatische Probleme mit sich. Die Schwierigkeit ist die, dass die Leute immer alles, was sie lesen, glauben wollen. Jede Kurzgeschichte, jede Novelle, jeder Roman muss sich im wirklichen Leben tatsächlich so ereignet haben, sonst sind sie enttäuscht. Denn wozu sollte eine Geschichte taugen, wenn sie gar nicht wahr ist? Ich verstehe das, ich bin als Leser genauso. Es fällt mir schwer, im *Fänger im Roggen* nicht den jungen Salinger zu sehen. Und wenn ich Tschechow lese, will ich wissen, ob er mit diesem unnützen Kunstmaler seinen Bruder meinte oder mit jener ideal gesinnten Lehrerin seine Geliebte. Im Kino ist es dasselbe. Da will ich für zwei Stunden dran glauben, dass sich Liebe, Mord und Totschlag echt und tatsächlich direkt vor meinen Augen abspielen; den Regisseur und den Kameramann will ich nicht sehen, und das Mikrofon soll nicht ins Bild hängen. Fürs Hinterfragen und Beurteilen ist hernach in der Kneipe noch genug Zeit.

Anders sieht es aus, wenn man sich am anderen Ende der Nahrungskette befindet. Seit ich vor fünfzehn Jahren mein erstes Buch in Umlauf brachte, laufe ich durchs Städtchen und schwöre bei jeder passenden und unpassenden Gelegenheit, dass alles erstunken und erlogen sei, was ich zu erzählen habe –

und seit fünfzehn Jahren will mir keiner glauben, dass ich lüge, im Gegenteil: Meine Oltner Mitbürger sind wild entschlossen, alle meine Geschichten unbedingt für wahr zu halten. Stimmt das wirklich?, fragen sie, hast du echt mal einen steif gefrorenen Schäferhund auf der Bahnhofbrücke gefunden und nach Hause getragen? Sag, wann war das, als dein roter Triumph auf dem Bahngleis stehen blieb und du dich mit einem Sprung in den Graben retten musstest? Und die kleine Blonde in der Geschichte mit dem Ruderboot, wie heißt die nochmal richtig?

Und wenn ich dann verlegen lache, die Augen verdrehe und darzulegen versuche, dass das alles frei erfunden sei und mein wirkliches Leben vergleichsweise ereignislos verlaufe, wofür ich übrigens dem Herrgott von Herzen dankbar sei, lächeln sie mich drei Sekunden misstrauisch und ein wenig enttäuscht an. Und dann, es ist immer dasselbe, lachen sie befreit auf, als hätten sie den rettenden Ausweg aus einer schwierigen Notlage gefunden, stoßen mir den Ellbogen in die Rippen und sagen: Schon gut! Brauchst es mir nicht zu verraten!

Allerdings hat es auch seine Vorteile, dass meine Mitbürger den Unterschied zwischen Dichtung und Wahrheit leugnen – zum Beispiel den, dass jedes Mal, wenn ein Buch von mir erscheint, sie alle in die Buchhandlung laufen, um es zu kaufen, dann nach Hause zu tragen und dort ganz sorgfältig daraufhin zu lesen – richtiggehend zu scannen, ich weiß es schon –, ob sie selber diesmal vielleicht auch drin vorkommen; dies halb hoffend, halb befürchtend. Und dann gibt's immer mal einen, der sich wiedererkennt in einer Figur – vorzugsweise in einer positiv besetzten, in einem Helden –, und der haut mir dann abends, wenn ich noch auf ein Bier in den *Rathskeller* gehe, auf die Schulter und sagt: »Du Luuscheib, hesch mi verwütscht!«* Das sind aber ganz gewiss immer die, an die ich mit keinem Gedanken gedacht habe, die ich womöglich noch nicht mal kenne, nie gesehen habe, und das ist schwierig in einem Städtchen von siebzehntausend Einwohnern. Sollte ich umgekehrt ausnahmsweise aber tatsächlich einen real Existierenden porträtiert oder auch mal karikiert haben, so merkt der das nie. Es ist sonderbar. Der Mensch erkennt sich nicht. Erstes Capus'sches Axiom. Der Mensch erkennt sich nicht, wenn man nicht seinen richtigen Namen, die Telefonnummer und womöglich auch noch gleich die Sozialversicherungsnummer hinschreibt.

Zuweilen hat es auch unangenehme Folgen, dass die Leute den Unterschied zwischen Dichtung und Wahrheit leugnen. Ich habe einmal eine Kurzgeschichte über eine Familie geschrieben, deren Kleinster ganz schlimm die steile Treppe hinuntergefallen ist und im Krankenhaus liegt. Als dann die Geschichte drei Jahre später in einer Zeitschrift erschien, habe ich mich monatelang kaum mehr ins Städtchen getraut, weil die Leute mich auf dem Gehsteig am Ellbogen festhielten und mir erschrocken zuraunten: Du meine Güte, das habe ich gar nicht gewusst mit eurem Kleinen, wie geht es ihm denn? Und wenn ich unwirsch erwiderte, dass die Geschichte reine Fiction sei, aus den Fingern gesogen, erstunken, erfunden und erlogen und darüber hinaus drei Jahre alt, weshalb unser Kleiner, selbst wenn er tatsächlich die Treppe hinuntergefallen wäre, in der Zwischenzeit ganz gewiss wiederhergestellt oder tot wäre, wobei Letzteres nicht der Fall sei, im Gegenteil erfreue sich der Kleine bester Gesundheit und befinde sich zurzeit im Kindergarten, wohin ich übrigens unterwegs sei, ihn abzuholen, man könne mich gern begleiten, falls man den Wahrheitsgehalt

---

* »Du Schlingel, hast mich erwischt!«

meiner Angaben überprüfen möchte – dann schauten mich die Leute mit großen runden Augen an und sagten: Schon gut, verstehe – aber gute Besserung, gell!

Es ist nichts zu machen, man muss sich damit abfinden. Ich halte es übrigens nicht für ausgeschlossen, dass das Phänomen meine Arbeit beeinflusst. Wenn ich vor der Aufgabe stände, einen Katzenhasser zu porträtieren, der den Viechern nächtens mit dem Luftgewehr auflauert, würde ich große Energie darauf verwenden, jede Verwechslung zwischen dem Autor und dem Porträtierten auszuschließen; dasselbe gilt bei Themen wie Kleinstadtmief, Ehebruch und provinziellem Kretinismus in der Lokalpresse. Weil das aber Themen sind, die ich zu sehr liebe, um ihnen lebenslang zu entsagen, führt kein Weg daran vorbei, dass ich immer und immer wieder durchs Städtchen laufe und schwöre, dass alles erstunken und erlogen sei, was ich zu erzählen habe.

Übrigens, damit kein Missverständnis entsteht: Auch diese Litanei entbehrt jeder faktischen Grundlage und gehört ins schöne Reich frei erfundener Fantasie. Der Beweis: Ich habe meiner Lebtag noch nie eine Geschichte geschrieben über eine Familie, deren Kleinster ganz schlimm die Treppe hinuntergefallen ist.

Immer diese Gefühle

Es gibt Nächte, da schlage ich die Bettdecke zurück und stehe nochmal auf, lausche dem Atem meiner Gattin Nadja, dem Schnarchen meiner drei Kleinen und dem beredten Schweigen, das aus dem Mansardenzimmer meines Großen dringt. Dann trete ich hinaus auf den Balkon, schaue hinauf in die sternenklare Nacht und frage: »Herrgott, warum haben Frauen, Kinder und Teenager unablässig Gefühle? Ich liebe sie ja alle – aber diese Emotionen von früh bis spät! Wieso können die nicht etwas dumpfer sein? Gefühlloser? Gleichgültiger?«

Das geht jeden Morgen in aller Frühe los, wenn noch alles schläft. Plötzlich weint der Kleine zum Steinerweichen, weil er unbedingt jetzt gleich sein Fläschchen braucht. Das weckt den Zweitkleinsten, der sofort das Bilderbuch vom kleinen Raupenbagger Max anschauen will, und zwar mit Mama. Nein, mit Papa. Oder vielleicht doch lieber mit Mama. Mama aber hat Kummer, denn sie hat heute eine wichtige Sitzung, und woher um Himmels willen soll sie wissen, ob es draußen schon kühl genug ist für eine Hose oder noch warm genug für einen Rock? Dann knarrt es auf der Treppe, und der Große steigt herunter aus seinem Mansardenzimmer. O Gott, seine Stimmung ist schlecht. Erstens hat die Zählung der Gesichtspickel ein Total von drei ergeben, wo es doch gestern bloß zwei waren. Und zweitens ist da irgendwas mit einem Mädchen, glaube ich. Keine Ahnung, ob das Mädchen gerade Aisha oder Jasmin oder sonst wie heißt. Meine Frau Nadja weiß da stets Bescheid, ist auf dem Laufenden über die feinsten Details, nimmt Anteil an allen Siegen und Niederlagen des Jünglings und taxiert aufs Strengste die jungen Mädchen, die ich meinerseits ausnahmslos sehr nett finde, oft aber nur voneinander unterscheiden kann, wenn die eine blond und die andere brünett ist, wobei die Zuordnung der Namen dann eine weitere Schwierigkeit darstellt. Ich setze Kaffee auf, da klingelt das Telefon, morgens um 6.53 Uhr. Es ist Nadjas beste Freundin, die vor einer Stunde ein Mädchen geboren hat und außer sich ist vor Glück. Nadja freut sich ebenfalls sehr und will das Glück mit mir teilen. Angelina heißt die Kleine, ist das nicht süß? Hat schon ganz dichtes, schwarzes Haar! Während Nadja mir sämtliche technischen Daten der neuen Erdenbürgerin übermittelt, melden sich unsere zwei Kleinsten zu Wort. Der Zweitkleinste will stolz demonstrieren, dass er den Purzelbaum gelernt hat, fällt dabei flach auf den Rücken, muss weinen und will getröstet werden. Der Kleinste macht derweil Bramm-bramm-bramm, weil eh schon alle reden und er dann ja wohl auch etwas sagen darf … so geht das weiter, den ganzen Tag.

Es gibt Tage, da geht das alles über meine Kräfte. Dann stelle ich mir vor, wie köstlich friedlich das Leben wäre, wenn Frauen und Kinder ebenso gefühllos und selbstgenügsam wären wie Männer. Aber weil das nun mal nicht so ist, habe ich mir letzten Sommer eine Taucherbrille gekauft und bin schnorcheln gegangen im Fluss. Diese Ruhe, diese himmlische Stille unter Wasser! Das wunderbare Unterwasserballett der Felchen, Aale und Flusskrebse! Wie friedfertig die ihre Kreise ziehen, sich um ihren eigenen Kram kümmern und von niemandem etwas wollen, zuallerletzt von mir!

Da der Fluss seit Anbeginn der Zeit durchs Städtchen fließt, konnte es nicht ausbleiben, dass ich archäologische Funde machte. Jetzt ist der Sommer vorbei, und es ist Zeit, Bilanz zu ziehen. Ich habe also gefunden: 1 antikes Taschenmesser; 1 Silbermünze und 2 Kupfermünzen; allerlei kuriose Flaschen; den von violetten Flechten überwachsenen Kolben eines schweren Motorrads; drei Emailleschilder von unterschiedlicher Größe. Das größte ist blau, und es steht »Bahnhofquai« drauf. Das kleinste ist rot und trägt die Aufschrift »Feuerlöschapparat«. Das mittlere ist weiß; es steht in altertümlicher, schwarzer Schrift »Bäder« drauf.

Letzteres Schild habe ich im felsigen Untergrund vor der Altstadt gefunden, direkt unter dem Stadtbad. Ich stieg also aus dem Wasser und betrat mit triefender Badehose das Lokal, um meinen Fund der Wirtin zu zeigen. Wir rätselten eine Weile, wo das Schild wohl gehangen haben mochte, untersuchten dann die historischen Stadtbad-Fotos an der Wand – und dort war das Schild! Ganz klein und weiß am Rahmen der Eingangstür, auf einer Aufnahme, die wohl an die hundert Jahre alt ist. Unter der Lupe war der Schriftzug einwandfrei zu entziffern: »Bäder«. Die Wirtin hat dann den alten Wirt, also ihren Vater, angerufen. Klar, hat der gesagt, das Schild haben wir beim Umbau 1973 abgeschraubt. Ein Arbeiter wird es in den Fluss geworfen haben.

Wie glücklich das einen Mann machen kann! Welche Gefühle da aufkommen! Das können sich Frauen und Kinder gar nicht vorstellen. Das Schild liegt jetzt in einer Schublade des Kneipentresens und wird jedem hergezeigt, ob es ihn interessiert oder nicht. Und wenn's dann mal jeder gesehen hat, trage ich es heim und hänge es auf in meinem Privatmuseum in meinem Büro.

Natürlich werde ich das Schild auch Nadja vorführen und

den Kindern, werde ihnen seine bewegte Geschichte erzählen und ihnen darzulegen versuchen, dass eben doch alles mit allem zusammenhängt und dieses Schild ein unauflösbares Band knüpft zwischen mir und dem Fluss und dem Stadtbad sowie dem alten Wirt und der jungen Wirtin und dass ich seit diesem Sommer eins bin mit jenen namenlosen Ahnen, die ihre Taschenmesser, Silber- und Kupfermünzen ins Wasser fallen ließen.

Dann werden meine Lieben mich gelangweilt und stirnrunzelnd anschauen, und ich werde verstummen und bei mir denken: Mein Gott! Wie gefühllos, gleichgültig und roh Frauen, Teenager und Kinder doch sein können.

Es lebe die Badi

Wenn man vom Bahnhof her kommend die alte Holzbrücke überquert und den Altstadtmauern entlang ein paar Schritte flussaufwärts geht, gelangt man zum Strandbad, in dem ich schon über vierzig Sommer verbracht habe – keinen Ort auf der Welt kenne ich besser als diesen. Ich habe vierzig Saisonkarten gekauft, mehrere tausend Mal das Drehkreuz am Eingang passiert und bin mehrere Hundert Mal über den Zaun geklettert, weil ich die Karte vergessen hatte; bin tausend Kilometer geschwommen, habe Hunderte von Kopfsprüngen vom Fünfmeterbrett absolviert und hektoliterweise Badiwasser geschluckt, ohne übrigens jemals Schaden zu nehmen. Als ich ein kleiner Junge war, feierten die Hippies am Aareufer ihre Blumenkinderpartys, schmusten hinter den Berberitzensträuchen, rauchten Haschisch und schrummten auf ihren Gitarren. Später kamen die schweren Jungs, die ihre Motorradstiefel nie auszogen und die geleerten Bierflaschen in die Aare warfen, und noch später die schicken Grease-Bubis und -Mädels, deren gelierte Frisuren auch nach einem langen Nachmittag im Freibad noch makellos saßen. Einsamer Höhepunkt in all den Jahren war jener brütend heiße Julitag in ich-weiß-nicht-welchem Jahr, an dem im nahebei gastierenden Circus Knie ein durstiger Elefantenbulle sein Gehege durchbrach und Wasser suchend über die Liegewiese zwischen Garderobentrakt und Schwimmerbecken trampelte. Ich wünschte, er wäre nie eingefangen worden, sondern hätte in den umliegenden Wäldern mit einer hübschen Elefantenkuh zahlreiche Nachkommen gezeugt.

In den letzten vierzig Jahren hat sich vieles verändert. Die morsche alte Trauerweide, an der man sich wie Tarzan in den Fluss hinausschwingen konnte, musste gefällt und ersetzt werden durch eine junge Weide, die erst in ein paar Jahren als Tarzan-Liane taugen wird. Dafür ist das Wasser der Aare unglaublich sauber geworden. Früher konnte es vorkommen, dass einem beim Aussteigen ein Stück Toilettenpapier an der Wade klebte. Heute kann man die Kiesel am Grund des Flusses sehen, und kürzlich hat ein Fischer rätselhafterweise einen Stör gefangen. Vor die Wahl gestellt, ein Glas Fluss- oder Schwimmbeckenwasser zu trinken, würde ich hundertmal den Fluss wählen.

An Land hingegen scheint alles beim Alten: Heute wie damals liegen die älteren Herrschaften, die ihre Ruhe haben wollen, auf ihren Pritschen auf der Sonnenterrasse. Die Mütter mit ihren Kindern drängen sich unter die Schatten spendenden Bäume beim Kinderbecken. Und die hübschen jungen Leute im heiratsfähigen Alter versammeln sich am Aareufer. Alles wie gewohnt. Und doch ist vieles anders.

Früher waren es die hiesigen Bürgersfrauen und die gut erhaltenen Herren vom Schwimmklub, welche die Sonnenterrasse bevölkerten. Beim Kinderbecken wachten Frau Tschanz und Frau Gerber und Frau Hugentobler über ihre Brut. Und am Aareufer lagen die schönen Töchter von Lehrern und Ständeräten, umlagert von den gut gebauten Söhnen von Messerschmieden und Architekten und Versicherungsagenten; alle, oder fast alle, Sprösslinge alteingesessener Oltner Familien, viele untereinander über Generationen verschwägert und verschwistert, jahrzehntelang verfeindet und befreundet – und natürlich alle Schweizer Staatsbürger.

Die Ausländer waren nicht da.

Vor dreißig und vierzig Jahren war das Strandbad noch eine rein schweizerische Veranstaltung. Die Türken und die Jugoslawen waren noch nicht eingetroffen. Die Spanier und Italiener waren schon da, aber sie konnten nicht schwimmen, oder sie hatten kein Geld für schicke Badehosen und Bikinis. Jedenfalls war es ihnen nicht möglich, ihre Badetücher am Aareufer auszubreiten, und das war ein Glück für die Schweizer Architektensöhne und Lehrertöchter. Denn Giuseppe, Francesca, Juan und Donatella waren einfach schöner als wir. Sie waren die besseren Tänzer, sie hatten mehr Charme und waren besser gekleidet, sie hatten mehr Rasse und Klasse und Muskeln, und sie waren hungriger und feuriger und ehrgeiziger als wir selbstzweiflerischen, emanzipationsgeschädigten, atomkriegspessimistischen und ökovergrämten Schweizerkinder. Im Jugendhaus spielten sich die romantischsten Liebesgeschichten zwischen Schweizer Fabrikantentöchtern und italienischen Maurersöhnen ab, die skrupellos Alfa Romeo fuhren und Börsenmakler werden wollten. Traurig war nur, dass kurze Zeit später, als es ans Heiraten ging, die Romantik ein Ende hatte und alle in jenen Stall zurückkehrten, dem sie entsprungen waren: Bürgermädchen zu Bürgersohn und Arbeitersspross zu Proletarierkind, und wenn ab und zu eine Spanierin einen Italiener heiratete, war das ein seltenes Beispiel von Völkerverständigung. Immerhin haben viele, die am Start benachteiligt waren, in den folgenden Jahren mächtig aufgeholt. Giuseppe ist tatsächlich Börsenmakler geworden, Francesca leitet eine Anwaltskanzlei, Juan importiert Olivenholz, und Donatella ist Personalberaterin.

Und nun, da die Secondos Kinder haben, getrauen sie sich

endlich in die Badi, waten mit dem Handy am Ohr durchs Kinderbecken, Seite an Seite mit den Schweizer Architektensöhnen und Lehrertöchtern, die das Aareufer räumen mussten, als der Nachwuchs kam. Frau Tschanz und Frau Gerber und Frau Hugentobler ihrerseits sind auf die Sonnenterrasse umgezogen, als ihre Kinder groß wurden. Generation um Generation rückt nach von einer Station zur nächsten im Uhrzeigersinn, und während auf der Terrasse die Ältesten die letzten Sonnentage ihres Lebens genießen, aalen sich am Aareufer wie eh und je die schicken jungen Leute im heiratsfähigen Alter. Eines aber hat sich verändert: Es ist nicht mehr ein exklusiver Schweizer Jugendklub, der sich da am Aareufer versammelt. Erstens haben die Italiener und Spanier in der Zwischenzeit schwimmen gelernt. Zweitens sind die Türken und Jugoslawen hinzugekommen; die können zwar noch nicht sonderlich gut schwimmen, aber sie sehen verdammt gut aus, besser als die Schweizer jedenfalls und besser als die Spanier und Italiener, die allmählich genauso selbstzweiflerisch und emanzipationsgeschädigt daherkommen wie die Herrschaften aus dem Gastgeberland. Und drittens fällt auf, dass die schicken jungen Schweizer kaum mehr in die Badi gehen. Die Lehrertochter? Nicht da. Der Advokatensohn? Abwesend. Die Hotelierstöchter? Auch nicht da. Oh, nicht dass sie verdrängt worden wären; es ist längst Platz genug für alle da. Es ist nur so, dass sich die gutbürgerlichen jungen Schweizer heute zu fein sind für die öffentliche Badeanstalt. Frühmorgens gehen sie vielleicht noch rasch hin, um mit Speedo-Kleidung, Schwimmbrille und Nasenklemme ihr Kilometertraining zu absolvieren. Aber nachmittags, in den Fleischmarkt? Lieber Himmel, nein.

Was ist da passiert? In den letzten dreißig Jahren sind in der Schweiz Zehntausende von Einfamilienhäusern aus dem

Boden geschossen – das ist passiert. Ein Meer von Eigenheimen erstreckt sich heute zwischen Zürich und Bern, Basel und Luzern, und vor jedem zweiten Häuschen muss unbedingt ein kleiner, ganz privater Swimmingpool stehen. Wenn man im Flugzeug übers Land fliegt, blinken sie einem tausendfach türkisblau entgegen. Das ist hübsch anzuschauen aus einer Flughöhe von zehntausend Metern, aus der Nähe aber ein doch eher trauriger Anblick. Dort sitzen sie nun, die gutbürgerlichen jungen Leute, lassen die Beine ins Wasser baumeln und freuen sich ob der einwandfreien Hygiene ihres Badewassers. Aber leider langweilen sie sich zu Tode in ihrer Privatheit, machen lustlos ein paar Schwimmzüge hin und her und schielen neidisch hinüber zum Nachbarn, dessen Pool dreißig Zentimeter länger ist, knabbern an ihren Selleriestangen – und sind in Gedanken bei Svetlana, Dshamilla, Jussuf und Goran, mit denen sie in der Badi so viel Spaß haben könnten.

Was mich selbst betrifft, hege ich eine Abneigung gegen Selleriestangen und habe keinen Swimmingpool in meinem Garten. Lieber gehe ich mit meinen Kindern in die Badi. Manchmal vergesse ich die Sonnencrème, dann leihe ich mir von den bosnischen Müttern welche aus. Die passen auch auf meine Kleinen auf, wenn ich mal kurz ins Wasser will, und dafür bringe ich ihnen auf dem Rückweg einen Kaffee. Ich liebe die Badi – auch und gerade, wenn viele Leute da sind. Mag sein, dass die Wasserqualität nach einem heißen Sonntag zuweilen nicht mehr so toll ist – aber ich finde nicht, dass man seine Mitmenschen als Lebendfleisch betrachten sollte. Denn erstens sollte man die Hinfälligkeit des eigenen Fleisches nicht außer Acht lassen, und zweitens ist der Mensch nur in der Badehose wirklich frei und gleich und dem anderen brüderlich zugetan. Und drittens: Gibt es einen anderen Ort auf der

Welt, an dem tausend praktisch nackte Menschen jeden Alters, aller Stände und verschiedenster Herkunft auf engstem Raum stundenlang friedlich spielen und lachen, essen und schlafen und einfach nur Spaß haben können? Die Antwort lautet Nein.

Nichts gegen Swimmingpools. Aber lang lebe die Badi.

Löwengebrüll auf dem Engelberg

Schau, der Sommer ist vorbei. Für einmal wollen wir nicht klagen, diesmal war er wirklich sehr groß. Jetzt sammeln sich die Zugvögel auf Dachfirsten und Telefonleitungen, und manche sind schon längst in ihre warme Winterheimat geflogen – manche nach Spanien, manche nach Marokko oder gar nach Kenia und in den Kongo. Sollen sie gehen, es ist Zeit.

Aber wir – bleiben hier. Ist das dort ein Schwarm Stare, der gleich hinter dem Engelberg verschwinden wird? Die Stare, das hat mir unlängst ein Freund und Vogelliebhaber erzählt, beziehen ihr Winterquartier tief in Afrika, wo die Löwen brüllen, die Hyänen gähnen und die Affen kreischen. Und weil Stare ebenso gut Stimmen imitieren können wie Papageien, tun sie es auch und lernen während ihres langen afrikanischen Winters dies und das auswendig – einen Schrei, das Rauschen des Windes im Affenbrotbaum, Trommelschlagen –, um es im nächsten Frühling nordwärts zu tragen und hierzulande zum Besten zu geben. Nun könnten doch wir, die wir hiergeblieben sind, im nächsten Mai alle zusammen auf den Engelberg gehen und eine Weile ganz genau hinhören, hinauf in die Baumwipfel und hinter die Felsbrocken. Da – faucht da nicht ein Gepard? Dort – ist das nicht das Lied eines liebeskranken Massai? Und da – der Land Cruiser eines Entwicklungshelfers? Dann könnten wir weiterhorchen und zu erahnen versuchen, was für Laute unsere Stare mit sich tragen werden, wenn sie nächsten Herbst von hier nach Afrika fliegen.

Der liebe Nebel

Über jene Naturerscheinung, für die Olten in der Welt am berühmtesten ist, habe ich bisher kein Wort verloren – das ist der Nebel. Jawohl, es stimmt und ist wahr: In Olten gibt es sehr viel Nebel. Von Oktober bis November liegt er oft dicht wie Watte über der Aare und in den Gassen der Altstadt, zurückgehalten von den umliegenden Jurahügeln – so dicht, dass die Menschen die Hand nicht vor den Augen sehen und sogar die Tauben zu Fuß nach Hause gehen. Wochenlang wird es nie richtig Tag, weil die immergleiche bleigraue Watte über der windstillen Stadt liegt, während darüber, manchmal nur hundert oder zweihundert Meter weiter oben, die Sonne am stahlblauen Himmel lacht, abends der Mond aufgeht und die Sterne übers Firmament ziehen – und wir unten bemerken von all dem nichts.

Das kann schwer auf dem Gemüt lasten. Der Nebel kriecht einem in die Knochen, die Seele setzt Schimmel an. Wer nicht hier geboren ist, erträgt das schwer. Als vor hundertfünfzig Jahren die Schweizerische Centralbahn von Olten aus einen Tunnel in Richtung Basel bohrte, befürchteten die sonnenverwöhnten Baselländer jenseits des Juras, der Nebel könnte durch den Tunnel zu ihnen abfließen wie Wasser durch den Abfluss einer Badewanne. Da dies nicht geschah, blühen im Baselland bis heute die Kirschbäume und gedeihen die Rebberge. Für uns Oltner aber bedeutet es, dass unser

Städtchen seinen Ruf als übelstes aller Nebellöcher, als Heimstatt von Dunst und Nieselregen, als Epizentrum aller Trübnis weiterhin auf sicher hat. Wir sind es gewohnt, dass der Rest der Menschheit sich von Olten ein recht einhelliges Bild macht. »Soso, aus Olten bist du«, sagt man uns in Basel, Bern oder Zürich, »ziemlich schlimme Suppe da, was?« Und dann legt man mitfühlend die Stirn in Falten und fragt uns, welch grausames Schicksal uns dorthin verschlagen hat.

Dazu möchte ich sagen: Jawohl, meine Damen und Herren, Olten liegt im Nebel. Aber ist das als Konversationsthema nicht furchtbar uninteressant? In Kairo stehen die Pyramiden und in Zürich tragen alle Männer schwarze Tangaslips – na und? Einem Oltner den Nebel unter die Nase zu reiben, ist, als würde man einem Neapolitaner die Schulter tätscheln und sagen: »Ziemlich übel, eure Sache mit der Mafia, was?« Da darf sich keiner wundern, wenn ihm mal kurz ein Nasenflügel oder das Ohrläppchen geschlitzt wird.

Gewiss sollte man es unterlassen, mediterrane NGOs mit mittelländischen Wetterphänomenen zu vergleichen. Zu bedenken geben möchte ich aber, dass die Dinge von nahe betrachtet oft nicht so einförmig sind, wie sie von weitem scheinen. So bin ich der Ansicht, dass es ziemlich einfach ist, einen strahlend blauen Wintertag in St. Moritz für schön zu halten; weitaus anspruchsvoller aber ist es, den Märchenzauber dichten Nebels am vereisten Aareufer schätzen zu lernen. Was mich betrifft, so ist mir der Nebel lieb, wenn er weiß und wunderbar aus den Wiesen steiget. Er verstärkt den Duft des nassen Kopfsteinpflasters und dämpft den Lärm des Straßenverkehrs, während die Tage kürzer werden, und wenn man zwischen hochgezogenen Mantelkragen und tief in die Stirn gezogenen Mützen ein bekanntes Gesicht erkennt, nickt man ihm vertraulich zu und sagt:

»Ziemlich dicke Suppe heute, nicht?« Dann geht man nach Hause und wird wachen, lesen, lange Briefe schreiben. Würde man das tun, wenn unentwegt die Sonne schiene?

Vielleicht steigt man gelegentlich auch mal ins Taxi und lässt sich auf die Froburg chauffieren, in nur zehn Minuten Fahrt. Dort scheint, wenn unten Nebel liegt, meist die Sonne, und übers Nebelmeer hinweg kann man die ganze Alpenkette vom Säntis bis zum Montblanc sehen. Ohne Nebel wäre das einfach nicht dasselbe. Hoffentlich bleibt er uns noch lange erhalten und fließt nicht plötzlich ab durch irgendein Loch in der Welt.

Curlingsteine auf der Ostsee

Es war die Zeit, als Eisenbahnkondukteure noch keine Tattoos und Pferdeschwänzchen, sondern Uniform und steife Offiziershüte trugen. Die Bahnhöfe waren in grünes Neonlicht getaucht, und in den Wartehallen hingen Fahndungsplakate mit grobkörnigen Fotos von RAF-Terroristen. An den Verpflegungsständen in den Unterführungen gab es noch keine Sushi und keine Falafel, sondern Pommes frites und Bratwurst. Am Radio lief Boney M., am Fernsehen »Teleboy«. 1984 lag noch in der Zukunft und Big Brother war noch keine Fernsehsendung. Jedes Kleinbürgerhäuschen hatte im Keller einen Atombunker mit Spitzendecken und karierten Vorhängen vor den Luftfiltern, und Bo Derek galt als die schönste Frau der Welt.

Es war der 25. Dezember 1980, als ich mich von Olten aus aufmachte, hinauf in den Norden zu fahren und meinen Freund Hans Erik Jørgensen zu besuchen, den ich im Sommer zuvor auf meiner Maturareise auf Korfu kennengelernt hatte. Hans Erik Jørgensen, so hieß er tatsächlich, war aus Kopenhagen in Dänemark und hatte einen blonden Bart und blaue, ein wenig wässrige Augen, und nach dem ersten Tag am Hippiestrand von Pelekas waren sein Gesicht, die Schultern und Oberschenkel derart verbrannt gewesen, dass man Mitleid mit ihm haben musste. Er war ein paar Jahre älter als wir und litt an einer zerbrochenen Liebe, über die er nicht sprechen wollte, und er kochte am Strand für uns Spaghetti über einem Feuer aus Treibholz und brachte uns bei, wie man flach gedrückte Gabeln an Bambusrohren festband, um draußen an den Klippen Barsche und Sardinen zu harpunieren. Von Beruf war er Lehrer. Er sprach mit uns über Neil Young, Nostradamus und die CIA, und er war schon in Indien gewesen und kannte sich aus mit halluzinogenen Pilzen sowie Akupressur und Tofu. Wie viele Menschen zu jener Zeit litt er am Gefühl, dass der Sommer der Liebe unwiederbringlich vorbei war und dass es seine Generation gewesen war, die sich irgendwann aufgegeben und alles verpfuscht hatte; außerdem ahnte Hans Erik Jørgensen, dass das Leben ihm, der doch erst Mitte zwanzig war, nichts Interessanteres mehr bieten würde als einen Lehrerjob an einer Grundschule in einem Außenquartier von Kopenhagen.

Aus heutiger Sicht mag dieser weinerliche Existenzialismus eines braun gebrannten und bindungslosen Mittelstandskindes nicht unbedingt abendfüllend erscheinen; auf jener Maturareise im Sommer 1980 aber waren meine Klassenkameraden und ich beeindruckt von Hans Erik Jørgensens schonungslosem Pessimismus; dies umso mehr, als wir ebenfalls düsterste Visionen hatten von einer nahen Zukunft, die irgendwie aus braunen Sümpfen und toten Wäldern bestehen und beherrscht sein würde von bösartigen Computern und Robotern, die die versprengten Reste der Menschheit mit Laserkanonen verfolgten. Stunden- und tagelang konnten wir mit Hans Erik Jørgensen im Schatten von Feigenbäumen sitzen und die Schrecken von 1984 erörtern; und erstaunlicherweise beschlich uns keinen Moment die anarchische Zuversicht, dass die Menschheit im Bedarfsfall schon die nötige kriminelle Energie aufbringen werde, um sich gegen ein paar olle Computer und Roboter zur Wehr zu setzen.

Wenn dann die Nacht hereinbrach, aßen wir unsere selbst harpunierten Fische, tranken Retsina und verloren für einige Stunden das Interesse an der Apokalypse. Gegen Mitternacht verkroch Hans Erik Jørgensen sich in seinen Schlafsack. Wir hingegen zogen über den Strand, an dem alle paar Schritte kleine Lagerfeuer brannten, und suchten mit stets ausbleibendem Erfolg nach Mädchen, die mit uns schlafen wollten.

So vergingen die Tage friedlich und einförmig; mal zog ein Gewittersturm über den Strand, mal die griechische Polizei oder eine Salmonellenepidemie. Dann waren die Sommerferien vorbei und die Mittelstandskinder Westeuropas fuhren nach Hause zu ihren Eltern, ihren Dual-Plattenspielern und ihren Erich-Fromm-Büchern. Ich erinnere mich, dass Hans Erik Jørgensen, der schon ziemlich gut gelernt hatte, seinen Gefühlen Ausdruck zu verleihen, sich beim Abschied abwandte, als ob er nächstens weinen würde, und dass mir das peinlich war. Weil ihm das Geld ausgegangen war, lieh ich ihm etwas für die Heimfahrt.

Seither waren vier Monate vergangen. Weihnachten war vorbei, ich saß im Zug und war unterwegs zu Hans Erik Jørgensen nach Kopenhagen. Vor der Abreise hatte ich mit dem Gedanken gespielt, meinen Besuch telefonisch anzumelden, mich dann aber für einen Überraschungsbesuch entschieden. Kalte Polarluft war nach Süden vorgestoßen, die oberrheinische Tiefebene lag glitzernd weiß unter der fahlen Wintersonne. Der Zug hielt in Freiburg, Offenburg, Baden-Baden. Ich saß allein in einem überhitzten Abteil mit roten Plüschsesseln und war damit beschäftigt, mit meinem Finnenmesser den Reißverschluss aus meiner Lammfelljacke zu entfernen. Ich wollte ihn ersetzen durch Knöpfe, die ich schon sehr bald aus Holz oder Horn oder so schnitzen würde; denn im nuklearen Winter, das war mir klar, würde ich meine

Lammfelljacken aus selbst gegerbtem Lammfell von selbst erlegten Lämmern schneidern, und die Verschlüsse würden aus Materialien bestehen, die Mutter Natur mir zur Verfügung stellte. Da konnte es nur nützlich sein, wenn ich mich jetzt schon an ein Leben ohne Reißverschluss gewöhnte.

So verging der Morgen, während der Zug über Karlsruhe, Mannheim und Darmstadt nach Frankfurt fuhr. Ich las »Zen und die Kunst, ein Motorrad zu warten«, während französische Besatzungssoldaten durch den Seitengang lümmelten, später auch Amerikaner, Belgier und Briten. Kurz vor Mittag döste ich ein. Später nähte ich auf der Innenseite des linken Ärmels meiner Schaffelljacke ein rechteckiges Stück Leder fest und fertigte so eine geheime Tasche an, in der ich nach dem Atomkrieg Nuggets, Feuerzeug und geheime Schriftstücke verstecken würde. Währenddessen vergegenwärtigte ich mir die Ereignisse der letzten Monate, die ich mit Hans Erik Jørgensen in Kopenhagen besprechen musste. Keine drei Wochen war es her, dass ein namenloser Blödmann John Lennon erschossen hatte, und einen weiteren Monat zuvor hatten sehr viele Blödmänner Ronald Reagan zum vierzigsten Präsidenten der USA gewählt. Ein Erdbeben hatte Norditalien verwüstet, zwischen Iran und Irak war der Krieg ausgebrochen, die Sowjetunion war in Afghanistan einmarschiert. Der Nato-Doppelbeschluss warf erste Schatten voraus, in Spanien stand ein Putsch bevor, und Lady Diana Spencer hatte ihre baldige Vermählung mit Prinz Charles angekündigt. Immerhin zog in jenen Tagen Voyager I am Saturn vorbei und funkte Bilder von betörender Schönheit zur Erde.

Irgendwo zwischen Kassel, Hannover und Hamburg ging der kurze Wintertag zur Neige; das Licht des nächsten Morgens würde ich schon in Kopenhagen sehen. Ich wollte mit Hans Erik Jørgensen in die Sauna gehen, rohen Fisch und diese trockenen Brötchen essen und dieses berühmte Bier trinken; wie hieß es nochmal – Carlson? Lindenberg? Und vor allem wollte ich zur berühmtesten Attraktion Kopenhagens, in die sagenhafte autonome Republik Kristiania fahren, wo dem Vernehmen nach tausend junge Leute frei und umsonst nach Lust und Laune ein immerwährendes Fest feierten. Vielleicht würde ich auf Dauer bleiben, falls ein Plätzchen für mich frei war und ein Mädchen mit mir schlafen wollte, und dann würde ich in Kristiania, befreit von den unerträglichen Zwängen und Repressionen meiner kleinstädtischen Gymnasiastenexistenz, aus dem Stand faszinierende Romane schreiben, die weltweit sehr viele schöne Frauen lesen würden, und mit einer von ihnen würde ich irgendwann – auf alle Fälle noch vor 1984 – ein Blockhaus in den endlosen Birkenwäldern Dänemarks bauen und im Keller große Vorräte an Rentierfleisch anlegen, um gewappnet zu sein für die Diktatur der Computer und Roboter nach dem dritten Weltkrieg.

Es war tiefe Nacht, als der Zug an der Ostsee ankam – ob in Travemünde, Kiel, Rostock oder sonst wo, weiß ich nicht mehr. Ich glaube mich zu erinnern, dass der ganze Zug mit allen Waggons samt der Lok in den Bauch einer Fähre rollte und dort stillhielt, während die Fähre hinaus auf die zugefrorene See stach; kann das sein, gab es das damals? Unvergesslich ist mir, dass ich die Überfahrt zuvorderst auf der Back der Fähre zubrachte; es wehte ein scharfer Nordwind, der mir mit tausend Nadelstichen durch die Kleider fuhr, und ich bedauerte, nicht ein paar Holz- oder Hornknöpfe an meiner Lammfelljacke angenäht zu haben, bevor ich den Reißverschluss entfernte. Unter der Außentreppe zum Oberdeck fand ich ein zerfranstes Stück Seil, schnitt es mit meinem Finnenmesser zurecht und band es mir als Gürtel um die Jacke.

Die Ostsee war schwarzgefroren und spiegelglatt. Knirschend und splitternd barst das Eis vor dem stählernen Bug, und wagenradgroße Eisschollen schlitterten über die Eisfläche in die Nacht hinaus wie Curlingsteine, während das Schiff Richtung Kopenhagen fuhr. Ich dachte daran, wie ich das Volk, das ich zu gründen gedachte, im hundertjährigen Winter durch die Tundra führen würde auf der Suche nach Frischfleisch, milderen Gestaden und den letzten Oasen der Zivilisation.

Nach einer Weile tauchte eine blonde Frau mit zwei Mädchen auf und stellte sich zu meiner Linken an die Reling, um die schlitternden Eisschollen zu betrachten. Als ich von einem Bein aufs andere trat und meine Jacke enger zuzog, musterte sie mich misstrauisch und entdeckte den Griff des Finnenmessers in meinem Stiefelschaft. Erschreckt scheuchte sie die beiden Mädchen zurück unter Deck.

Es muss lang nach Mitternacht gewesen sein, als Land in Sicht kam. Der Hafen war von grünem Neonlicht erleuchtet, am Pier standen uniformierte Zöllner. Vermutlich öffnete sich am Bug die Ladeklappe, und vielleicht täuscht meine Erinnerung mich nicht und rollte tatsächlich ein ganzer Eisenbahnzug ans dänische Festland. Gewiss aber weiß ich, dass ich selber nicht an Bord jenes Zuges war, denn ich stand am Landungssteg vor dem Schreibtisch eines unrasierten und übernächtigten Zollbeamten, der misstrauisch meine Identitätskarte musterte und mich nach meinen Plänen in Dänemark fragte. Ich sagte, dass ich unterwegs sei zu meinem Freund Hans Erik Jørgensen in Kopenhagen und dass ich spätestens in einer Woche Dänemark wieder verlassen und nach Hause zurückkehren wollte. Der Zöllner wollte mein Geld und meine Rückfahrkarte sehen. Ich erklärte ihm, dass ich nur ein paar Münzen und eine Fahrkarte für die Hinfahrt besäße, aber in Kopenhagen Hans Erik Jørgensens Gast sein würde, der im

Übrigen Lehrer sei und mir Geld schulde, mit dem ich meinen Aufenthalt in Dänemark sowie die Rückfahrt nach Olten zu finanzieren gedächte. Der Zöllner war ein netter Mensch. Er erklärte sich bereit, Hans Erik Jørgensen zu nachtschlafender Zeit anzurufen und meine Angaben zu überprüfen. Da im Kopenhagener Telefonbuch in jenem Jahr acht Männer namens Hans Erik Jørgensen vermerkt waren, riss er einen nach dem anderen aus dem Schlaf, bis endlich der sechste Hans Erik Jørgensen durchblicken ließ, dass ihm mein Name eventuell bekannt vorkommen könnte. Der Zöllner reichte mir den Hörer.

»Hans?«, rief ich. »Hans Erik Jørgensen? Erinnerst du dich?«

Natürlich erinnerte Hans Erik Jørgensen sich, und er freute sich auf meinen Besuch. Ich reichte dem Zöllner den Hörer zurück, damit die beiden die Formalitäten von Däne zu Däne regelten. Aber nach ein paar Worten hängte der Zöllner ein und sah mich mit einem Blick an, in dem alle Traurigkeit dieser Welt lag.

»Geh zurück aufs Schiff, Junge«, sagte er. »Hundert Schweizer Franken reichen nicht.«

»Wie?«

»Dieser Jørgensen schuldet dir nur hundert Franken, da kann ich dich nicht reinlassen. Skandinavische Zollunion, verstehst du. Hundert Franken reichen für gar nichts. Nicht fürs Essen, nicht fürs Trinken, schon gar nicht für die Rückfahrt.«

»Aber …«

»Na los, mach schon, die Fähre legt gleich wieder ab, für dich ist die Rückfahrt gratis! Mein Gott, was seid ihr nur für eine unnütze Generation, keinen Tag allein überlebensfähig. Was soll man nur mit euch anfangen? Jetzt lauf, geh heim zu Mama! Und mach die Jacke zu, du erkältest dich sonst!«

Und dann, so glaube ich mich zu erinnern, wandte er sich ab, als müsste er weinen.

Sisième

Es gibt Tage, da wundert man sich als Kleinstädter, wieso man ausgerechnet hier und nicht irgendwo anders sein Leben verbringt. Ich selbst lebe in Olten und bin hier aufgewachsen, und an etwa dreihundert Tagen im Jahr finde ich es gut, dass auch meine Kinder hier aufwachsen. Wir haben den Wald und den Fluss, gute Schulen und Frieden in den Gassen, darüber hinaus tiefe Immobilienpreise sowie sieben Kinosäle und zweiundsiebzig Kneipen übers Städtchen verteilt. Alles sehr angenehm. Aber manchmal …

Es bleibt ja nicht immer alles beim Alten in der Kleinstadt, gelegentlich verändert sich auch etwas, und zwar zum Guten. Das Hotel Astoria gleich hinter dem Stadthaus beispielsweise, ein hübscher kleiner Bau aus den Dreißigerjahren mit einem Hauch von Bauhaus, wurde unlängst mit Geschmack und Geschick renoviert und um zwei Etagen aufgestockt. Ganz zuoberst im sechsten Stockwerk gibt es jetzt eine schicke Bar, in der man einen schönen Ausblick über die Dächer des Städtchens hat und einen Whiskey Sour für achtzehn Franken trinken kann. Und weil die Bar in der sechsten Etage liegt, hat sie der Wirt ganz weltläufig auf den Namen »Sisième« getauft.

Sisième?

So steht's an der Tür geschrieben.

An einem jener Tage also, an denen man sich als Kleinstädter fragt, wieso zum Teufel man immer noch hier ist, kam ich auf meinem Weg zum Postamt am Astoria vorbei. Der Wirt, den ich vom Gymnasium her kenne, stand vor der Tür, hinter der man den Aufzug ins Sisième nimmt. »Du, Marius, nichts für ungut«, sagte ich und deutete auf das Schild.

»Aber da ist was falsch, glaube ich.«

»Wieso?«

»Na, falls das Französisch sein soll und nicht eine andere, mir nicht geläufige indoeuropäische Sprache …«

»… Schreibt man ›Sixième‹ mit x, das weiß ich selbst.«

»Natürlich weiß ich, dass du das weißt«, erwiderte ich rasch. »Aber wieso …«

»Schau, wir sind hier in Olten«, erklärte mir der Wirt geduldig. »Was wird geschehen, wenn ich ›Sixième‹ mit x schreibe?«

»Was?«

»Die Leute werden ›Sixième‹ mit x aussprechen!«

Es dauerte einen Augenblick, bis ich seine Überlegung in ihrem vollen altruistischen Ausmaß erfasst hatte. Um seine Mitbürger davor zu bewahren, »Sixième« falsch auszusprechen und dumm dazustehen, schrieb der Wirt das Wort lieber falsch und nahm in Kauf, selbst dumm dazustehen. Eine wahrhaft christliche Tat, dachte ich und ging meines Wegs. Aber blöd ausschauen tut's doch. Ein X wäre schöner. Was soll man machen.

An solchen Tagen freut man sich als Kleinstädter über die Tatsache, dass vom Bahnhof Olten direkte Züge nach Paris, Rom, Hamburg, Zürich und Berlin abgehen. Man könnte einfach einsteigen, wenn man das wollte. Aber dann erinnert man sich, dass Großstädte wie Zürich oder Berlin auch nichts weiter sind als zehn- oder hundertmal Olten hintereinander. Dort gibt's bestimmt auch Leute, die »Sixième« falsch aussprechen. Und solche, die's falsch schreiben. Falsch schreiben müssen. Zu müssen glauben.

Frühlingserwachen

Ein Freund von mir wünscht seiner Mutter den Tod. Er spricht nicht darüber, und ich stelle keine Fragen, aber ich glaube bestimmt: Er wünscht sich und ihr, dass sie bald sterben kann. Sie ist vor vielen Jahren an Alzheimer erkrankt, kann nicht mehr gehen und reden und erkennt niemanden mehr. Er besucht sie dreimal pro Woche. Für die Kosten des Pflegeheims hat er seine Ersparnisse hergegeben und sich tief verschuldet. Das hat ihn ernst und nachdenklich werden lassen. Seine Freundin hat den Kummer nicht mehr ertragen und ihn vor ein paar Monaten verlassen, nach jahrelanger Geduld und unter Tränen.

Aber kürzlich, an einem der ersten warmen Frühlingstage, führte mein Freund die Mutter im Rollstuhl aus, hinaus aus dem Heim und vorbei an den letzten Wohnblocks und über Wiesen und Felder, dem Engelberg entgegen, der wie ein schlafender Wal vor dem Atomkraftwerk Gösgen liegt. Die Mutter blinzelte stumm ins Sonnenlicht und hielt sich wie ein Vogel an den Armlehnen fest mit ihren gekrümmten Fingern, während der Sohn den Rollstuhl schob und pausenlos plauderte in der Hoffnung, dass doch noch einmal eines seiner Worte ankommen könnte im fernen Refugium ihrer Seele. Und weil der Feldweg leicht anstieg, geriet er ins Schwitzen, zog seine Jacke aus und legte sie der Mutter auf den Schoß.

Sie kamen zu einer Anhöhe, auf der am Wegrand ein steinernes Kreuz stand und eine Sitzbank. Mein Freund war ziemlich außer Atem. »Hör mal, Mama«, sagte er, wohl wissend, dass er genauso gut mit dem messingenen Christus am Steinkreuz hätte reden können oder mit dem Milan, der hoch über ihnen seine Kreise zog. »Ich bin ziemlich außer Atem. Wollen wir hier eine Pause machen?« Die Mutter schwieg und blinzelte. Mein Freund stellte den Rollstuhl neben die Sitzbank, nahm Platz und plauderte weiter. Bei Coop ist Rollschinken jetzt im Angebot. An der Hardstrasse haben sie Studer Romans Chalet abgerissen. Der einzige Sohn des Krone-Wirts ist beim Gleitschirmfliegen abgestürzt. Die Heimleitung müsste die Rollstühle besser pflegen. Der hier quietscht und harzt ja, eine Schande ist das.

Die alte Frau zuckte nicht mit der Wimper, tat keinen Wank. Mein Freund schwieg, betrachtete den Rollstuhl und stellte fest, dass er ihn die ganze Zeit mit angezogener Bremse gestoßen hatte. In der ersten amüsierten Verlegenheit steckte er sich eine Zigarette an, dann schaute er wie seine Mutter hinaus in die erwachende Frühlingslandschaft. Plötzlich fühlte er einen Schubser an der Schulter – das war seine Mutter, die ihn mit ihrem dürren Ärmchen anstieß. Ungläubig schaute er sie an. Sie stieß ihn nochmal an, dann legte sie Zeige- und Mittelfinger der linken Hand auf die Lippen und sog hörbar Luft ein. Eine Zigarette. Seine wunschlos versunkene Mutter, die seit vielen Jahren nicht mehr geraucht hatte, hatte plötzlich Lust auf eine Zigarette. Mein Freund gab ihr eine. Dann saßen sie nebeneinander und rauchten zwei, drei Zigaretten hintereinander.

Kleine Wichte in meinem Garten

Es ist doch schade, dass man Menschen nicht sammeln kann. Ich mag die Menschen in ihrer Vielfalt und bin ein Sammlertyp, also würde ich gern Menschen sammeln. Aber leider gehört sich das nicht, und wahrscheinlich ist es auch verboten. Roger Federer zum Beispiel. Ich hätte gern einen kleinen Roger Federer, Maßstab eins zu zehn vielleicht. Der würde in der unendlichen Weite meines Gartens umhertollen und kleinen gelben Bällen hinterherlaufen. Und abends würde er sich an seinen kleinen Pressekonferenztisch setzen und für sein Alter erstaunlich kluge Dinge ins Mikrofon sprechen. Dann hätte ich auch gern eine kleine Melanie Winiger in meinem Garten. Die würde auf einer kleinen Ducati umherfahren und immer so lieb »Ciao, ragazzi!« rufen. Dann möchte ich auch eine Nadeschkin und einen Bundesrat Schmid und jenen jungen Oltner Stadtpolizisten, der den Verkehr auf der City-Kreuzung so elfenhaft elegant dirigiert. Sehr putzig stelle ich mir das vor.

Man hätte früher zu sammeln anfangen sollen. Als Kind hätte ich mir einen kleinen Muhammad Ali gewünscht, der ewig jung und der Größte bleibt; einen Jim Clark, der sein Rennauto nie gegen die Wand fährt; einen Richard Nixon, der ohne Ende »Ich bin kein Lügner!« sagen darf. Die hätte ich alle in meinen Garten gebracht und ihnen kleine Häuser gebaut, damit es ihnen an nichts fehlt. Eine kleine Brigitte

Bardot hätte ich auch haben wollen, eine ewig junge und schöne, keine alte Rassistin; vielleicht auch einen Oberst Bachmann, um das Bild abzurunden, der in seinem Ledermantel geheimnisvoll im Schatten des Haselstrauchs steht und die anderen beobachtet. Dort drüben bei der Treppe würde Walter Steiner eine kleine Sprungschanze bauen. Für die Literatur wäre Markus Werner zuständig und für die Musik Friedrich Gulda. Und regieren würde, sagen wir, Kofi Annan. Ich würde mich in meinen Liegestuhl fläzen und das bunte Treiben beobachten – wie der Polizist sich abmüht, Zusammenstöße zwischen Jim Clark und Melanie Winiger zu verhindern; wie Walter Steiner dem Bernhard Russi (den hätte ich fast vergessen) das Skispringen beibringt; wie Brigitte Bardot im Bikini umherstöckelt und vergeblich den Strand sucht; wie Nixon dem Kofi beim Regieren dreinreden will. Und so weiter. Bundesrat Schmid würde Kofi nicht dreinreden wollen. Der würde nur immer runde Augen machen und froh sein, dass er keinen Ärger hat.

Natürlich könnte es nicht ausbleiben, dass gelegentlich der eine mit dem anderen in Streit gerät. Dann würde ich sie beim Schlafittchen nehmen und an entgegengesetzten Enden des Gartens aussetzen. Und irgendwann würde ich wohl die Entdeckung machen, dass einer von den kleinen Kerlen in meinem Garten seinerseits einen kleinen Garten angelegt hat, und dass er dort noch viel kleinere Kerle laufen lässt, als er selber einer ist. Zur Auswahl hätte er nur das Personal aus meiner Sammlung. Schau dort, die kleine Winiger auf ihrer Ducati! Die ist jetzt aber wirklich winzig! Und das Bachmännchen dort unter der zerbrochenen Haselnussschale! Und vielleicht würde irgendwann die winzige Winiger von ihrer Ducati hinuntersteigen und einen winzigen Garten anlegen, in dem sie mikroskopisch kleine Wichtelchen laufen ließe. So kann das immer weitergehen bis in die Welt der kleinsten Teile, die noch keines Menschen Auge gesehen hat. Doch noch während man sich diesem hübschen Gedanken ergibt, schleicht sich ein schlimmer Verdacht ein. Misstrauisch lässt man den Blick schweifen über den Horizont und hinauf in den leeren Himmel: Sitzt dort etwa einer riesengroß in seinem Liegestuhl und treibt Allotria mit unsereinem? Keine Ahnung. Ist auch egal. Der Garten bleibt der Garten. Was dahinter ist, weiß keiner.

Onkel Theobald

Unlängst ging ich mit zwei von meinen vier Lieblingssöhnen in die Stadt, um Kaffee, Milch und Himbeerkonfitüre zu kaufen. Unterwegs hielt mich eine ältere Dame am Ellbogen fest und fragte: »Sind Sie nicht der Dings, der Schriftsteller?«

»Jawohl, Madame«, antwortete ich höflich.

»Und die zwei hier?«, fragte die Dame. »Sind das Ihre Enkel?«

Es dauerte einen Augenblick, bis ich den Sinn der Frage erfasst hatte. Es war das erste Mal in meinem dreiundvierzigjährigen Leben, dass mich jemand so etwas fragte.

»Aber nein, Madame«, antwortete ich, nachdem ich die Fassung wiedererlangt hatte. »Dies hier ... «, ich deutete auf den Dreijährigen, »... ist mein Onkel Theobald.«

»Aha?«

»Und das« – ich wies auf den Fünfjährigen – »... ist Präsident Bill Clinton.« Dann wünschten wir ihr einen guten Tag und gingen unseres Weges.

Leider war es nicht so. Leider habe ich der Dame nichts dergleichen geantwortet. Leider fällt mir die einzig richtige Entgegnung stets Monate hinterher ein. Die Wahrheit ist, dass ich der Dame wie ein Idiot den korrekten Sachverhalt darlegte. Wahr ist auch, dass meine Nachbarin Gaby, der ich das Erlebnis auf dem Heimweg erzählte, kein Verständnis für meine Erschütterung aufbrachte. »Ich meine, biologisch gesehen könntest du doch der Großvater sein, nicht wahr?«

Die Wahrheit ist schließlich, dass ich nach dieser Begegnung mit meinen zwei Nachfahren nach Hause lief, um mir von meiner Gattin Trost spenden zu lassen. Das tat sie denn auch. Sie versicherte mir, dass ich keinen Anlass zu Kummer hätte. Die Dame habe nämlich nicht mich als Mann gesehen, sondern nur den Schriftsteller. Und Schriftsteller, das sei nun mal so, stelle man sich eben immer irgendwie alt vor. Und dann tätschelte sie mich wie einen Hund.

Wimpernschläge des Glücks

Ich kenne keinen Autor, der seine eigenen Bücher so richtig gut findet. Natürlich ist es etwas Feines, wenn die ersten Exemplare duftend frisch aus der Druckerei kommen oder wenn ein Zeitungsschreiber einen über den grünen Klee lobt. Aber abends, wenn wir allein zu Hause sind und uns unbeobachtet fühlen, neigen wir doch alle zweifelnd den Kopf zur Seite und legen uns tröstend die eigene Hand an die Wange. Na ja, mein Lieber, sagt man zu sich selbst, da hast du ja wieder mal was zusammengestiefelt; hoffentlich kommt dir keiner auf die Schliche. Ja doch, so gut wie das letzte Buch vom Dingsda, der in der Presse dermaßen hochgejubelt wird, ist deins noch lang, das stimmt schon. Aber willst du dich wirklich an dem messen? Jetzt mal ehrlich: Reicht's nicht langsam mit den Fingerübungen? Willst du nicht endlich mal was Richtiges machen? Getraust dich nicht, wie?

So geht das immerzu. Gewiss gibt es Augenblicke während des Schaffens, da man euphorisch wird und sich für den größten lebenden Dichter unter der Sonne hält; oder den Moment stiller Genugtuung, wenn man das Manuskript an den Verlag geschickt hat und mit ruhiger Zuversicht auf das Urteil des Lektors wartet. Aber das sind Wimpernschläge des Glücks, die rasch abgelöst werden von Ewigkeiten der Ungewissheit und des Selbstzweifels. Und dann liegt man im Dunkeln, verfolgt die Schlieren weißen Scheinwerferlichts an der Decke und wundert sich, dass es auf dieser Welt immer und immer wieder ein paar tausend Leute gibt, die zwanzig Euro für ein Buch zahlen und die es dann auch noch lesen. Wenn man noch jung ist, behilft man sich mit dem Gedanken, dass das ja noch nicht das Eigentliche war. Das erste, das zweite und das dritte Buch? Fingerübungen. Etüden. Gesellenstücke. Aber das eigentliche Buch, das, auf das man sich auch behaften lässt, das Opus Magnum, das Meisterwerk – also der kraftvollste und aufrichtigste Beweis, dass man gelebt haben wird –, dieses Buch wird man irgendwann schreiben, wenn die Zeit reif ist.

Aber die Zeit reift nicht, sie vergeht nur. Man schreibt sein viertes Buch, dann ein fünftes und ein sechstes. Ich selbst habe unlängst mein zehntes abgeschlossen, und weil schon seit einiger Zeit in meinem Kopf die Anfangssätze meines nächsten Romans in Endlosschleife widerhallen, werde ich mich wohl bald wieder hinsetzen und loslegen. Ich werde mein Bestes geben, ein Jahr lang oder zwei Tag und Nacht brüten und schreiben und feilen und kürzen. Hin und wieder werde ich den einen oder anderen Schriftstellerfreund treffen, und dann werden wir einander fragen: Und? Wie läuft's mit der Arbeit? Und dann werden wir einander versichern, dass wir ganz flott vorankommen.

Aber eines weiß ich jetzt schon: das Opus Magnum wird's nicht werden. Auch diesmal nicht. Ein hübsches Buch vielleicht, ganz nett, und ein paar Dinge werde ich wirklich gut hingekriegt haben. Die Leser und die Zeitungen werden mich hoffentlich großmehrheitlich loben, und ich werde mich ein wenig schämen und darüber wundern, dass keiner dahinterkommt, was für eine handgenagelte Bretterbude hinter der glitzernden Fassade steckt.

Vielleicht liegt da die Schwierigkeit: Unsereiner hat die

Bretterbude selbst zusammengenagelt, deshalb wissen wir Bescheid und lassen uns nicht blenden. Und natürlich liegt auch Hochmut in der Hoffnung, dass der adäquate Ausdruck unserer Seele nicht eine Bretterbude, sondern mindestens der Taj Mahal sein müsste. Aber hoffen darf man doch. Und so schreibt man ein Buch ums andere, eine Fingerübung folgt der nächsten, bis man dann mal tot vom Stühlchen fällt und feststellt: Hoppla. All diese Fingerübungen zusammengenommen – das ist doch eigentlich ein ganz ordentliches Lebenswerk.

Bodie

Wo immer auf der Welt ich hinkomme, bleibe ich stets in Kleinstädten hängen, die ein paar tausend Einwohner haben und mich an meine Heimatstadt Olten erinnern. Kürzlich geriet ich im Nordosten Kaliforniens hinter den verschneiten Bergspitzen der Sierra Nevada auf 2554 Metern über dem Meer in eine Goldgräber-Geisterstadt namens Bodie. Im Winter liegen dort drei Meter Schnee, und der Boden ist derart hart gefroren, dass im Januar 1877, als hier noch Menschen lebten und starben, der Totengräber die Gruben mit Dynamit ausheben musste.

Bumm, bumm, bumm, dröhnte es in der Eiseskälte von morgens bis abends, denn die Minenarbeiter starben wie die Fliegen an Diphtherie und Lungenentzündung, und der Boden zitterte und die Fensterscheiben klirrten im bröseligen Kitt, und die Bürger zählten die Detonationen im Wissen, dass jede für einen Toten stand.

Die prunkvollsten Beerdigungen hielten die Chinesen ab, die an der King Street Wäschereien, Restaurants und Opiumhöhlen betrieben; China ist eine jahrtausendealte Hochkultur, in der die Menschen schon viel länger sterben als im jungen Amerika. Wenn in Chinatown jemand das Zeitliche segnete, streuten die Hinterbliebenen rote Papierschnitzel auf dem Weg zum Friedhof aus, der eine Meile vor der Stadt lag, um die Seele des Verstorbenen vor dem Zugriff des Teufels zu schützen; der Gehörnte nämlich musste erst jeden einzelnen dieser Schnitzel aufheben, bevor er sich über die Seele des Verstorbenen hermachen konnte, und bis dahin war diese längst in den Himmel entschwunden.

Damit es der Seele unterwegs an nichts fehlte, legten die Chinesen dem Verstorbenen ihrer Tradition gemäß allerlei Speisen aufs Grab. Der Wind trug den Duft von Frühlingsrollen, Kanton-Reis und süß-saurer Entenbrust hinter die umliegenden Hügel, wo er nicht nur das Interesse der Wölfe und Bären weckte, sondern auch jenes der Paiute-Indianer, denen gegen Ende des Winters oft die Vorräte knapp wurden. Es ist historisch verbürgt, dass die Paiute sich rasch profunde ethnographische Kenntnisse der chinesischen Bestattungsrituale aneigneten, und weil sie ihrerseits die Technik des lautlosen und unsichtbaren Anschleichens perfekt beherrschten, fanden nach den chinesischen Beerdigungen in den Paiute-Dörfern immer die schönsten Festmahle statt.

Panamint City

Wer das Glück hatte, Bodie nicht vertikal gen Himmel zu verlassen, sondern aufrechten Hauptes und schlagenden Herzens davonzureiten, geriet über kurz oder lang in die nächste Kleinstadt, von dort wiederum in eine Kleinstadt und von dieser in eine weitere Kleinstadt. Bodie ist umgeben von Kleinstädten, die von Kleinstädten umgeben sind, die einander zum Verwechseln ähnlich sehen, das war im Wilden Westen nicht anders als im Schwarzwald, in der Toskana oder im Alpenbogen – nur dass amerikanische Kleinstädte nicht in Sichtweite zueinander stehen, sondern durch Weiten voneinander getrennt sind, in denen der gesamte Schwarzwald, die ganze Toskana oder der komplette Alpenbogen Platz fänden.

In diesen Weiten gibt es feuerspuckende Vulkane und magnetische Eisenberge, versteinerte Wälder, kochend heiße Flüsse und schreckliche Schluchten, die so tief ins Erdinnere klaffen, dass man einen Blick in die Kindheit der Welt zu werfen meint und sich nicht wundern würde, wenn dort unten Dinosaurier ästen, und die Bäume wachsen dermaßen hoch und dick in den Himmel, dass man ein Loch durch den Stamm bohren und mit der Kutsche durchfahren könnte, wenn man das wollte, und die Bären sind, wenn sie sich zum Angriff auf die Hinterpfoten stellen, nicht mannshoch, sondern doppelt und dreimal so hoch. Ich stelle mir den Schrecken der ersten Goldgräber von 1849 vor, die noch nie im Leben einen leibhaftigen Bären gesehen hatten, weil sie wenige Monate zuvor noch Straßenbahnschaffner in Nürnberg oder Polizeiwachtmeister in Paderborn oder Bauernknecht in Niederbipp gewesen waren – ich stelle mir ihren Schrecken vor, als sie erstmals einen Grizzly auf sich zustürmen sahen, und ihr Entsetzen angesichts der Tatsache, dass diese Viecher nicht tot zusammenbrachen, wenn man das Magazin seiner Smith & Wesson in ihr Fell entleerte, sondern unbeirrt weiter auf einen zustürmten, und ich frage mich, weshalb diese Menschen angesichts der amerikanischen Flora, Fauna, Topographie und Witterung, die jedes menschliche Maß so gänzlich vermissen ließen, nicht einfach auf dem Absatz kehrtmachten und heim nach Nürnberg, Paderborn oder Niederbipp fuhren.

Manche haben tatsächlich auf dem Absatz kehrtgemacht. Es soll auch solche gegeben haben, die immer weiter westwärts zogen, bis sie die Erde umrundet hatten und wieder zu Hause in Paderborn anlangten. Erstaunlich viele aber – vielleicht jene, denen das Geld für die Heimreise fehlte – haben unterwegs Wurzeln geschlagen, die meisten wohl in einer Kleinstadt; denn damals waren fast alle Städte Amerikas noch Kleinstädte. Die kalifornische Küstenstadt Los Angeles zum Beispiel hatte 1875 siebentausend Einwohner, also lediglich doppelt so viele wie meine Heimatstadt Olten zu jener Zeit.

Am Westrand des Death Valley liegt die Geisterstadt Panamint City, die der Legende nach von ein paar Desperados gegründet wurde, die 1872 eine Wells-Fargo-Postkutsche überfallen hatten und mit der Beute in den abgelegenen Surprise Canyon geflohen waren, um dort abzuwarten, bis der Verfolgungseifer der Gesetzeshüter erlahmen oder sich auf die nächsten Postkutschenräuber verlagern würde. Das konnte entweder sehr lange dauern oder ganz schnell gehen. Einerseits hatte es sich Wells Fargo zur Regel gemacht, auf jeden

Räuber ohne Ansehen der Person ein Kopfgeld von dreihundert Dollar auszusetzen. Andrerseits wurden dauernd Postkutschen ausgeraubt und neigten Kopfgeldjäger dazu, stets das neueste Kopfgeld zu jagen, weil die Spuren länger zurückliegender Raubzüge sich in der Unübersichtlichkeit des Westens rasch verflüchtigten.

Die Banditen warteten drei Tage, zwei Wochen, einen Monat. Proviant hatten sie reichlich mitgenommen, Trinkwasser bezogen sie aus einem kleinen Bach am Grund des Canyons. Der Canyon lag im Stammesgebiet der Shoshone-Indianer, aber die ließen sich nicht blicken. Am Bach wuchs ein bisschen Grünzeug, ansonsten gab es nur Geröll und Klapperschlangen. Ab und zu lief ein Karnickel oder ein Kojote vorbei. Tagsüber spielten die Desperados Karten, abends brieten sie ein Karnickel oder einen Kojoten.

Im Film nimmt sich der Alltag der Desperados stets pittoresk und romantisch aus, tatsächlich aber war das Leben außerhalb menschlicher Gesetze unerträglich eintönig und langweilig. Ich selbst habe in meinem Leben nur einmal der Gesellschaft von Frauen und Kindern entsagt – das war im Spätsommer 1964 –, um allein, frei und auf mich selbst zurückgeworfen ein Leben als gesetzloser Desperado hinter der Brombeerhecke zu führen. Schon nach einem halben Tag aber musste ich das Unternehmen abbrechen, weil ich erkannte, dass die Gesellschaft von Regenwürmern, Schnecken und Ameisen mich auf Dauer nicht ganz ausfüllen würde.

Irgendwann unternahm einer der Desperados, um die Zeit totzuschlagen, einen Spaziergang hinauf zu den Felswänden. Er summte ein Lied und pflückte wilden Thymian, mit dem er den nächsten Karnickelbraten würzen würde, dann setzte er sich in den Schatten eines vorstehenden Felsens und warf Steine nach den Eidechsen, die wie totenstarr in der brennenden Sonne standen und zur Kühlung über Kreuz eine Vorder- und Hinterpfote in die Luft streckten. Da fiel dem Desperado an einem Stein, den er gerade werfen wollte, ein sonderbares Glitzern auf. Er klopfte mit dem Knauf seiner Pistole daran herum und entdeckte, dass der Stein Silber von hoher Reinheit in großer Menge enthielt. Der Bandit rief seine Freunde herbei, und in der Folge stellte es sich heraus, dass im Surprise Canyon auf einem Gebiet von fünf Meilen Länge und zweieinhalb Meilen Breite eine Silberader neben der anderen lag.

Die Männer freuten sich ihrer Entdeckung sehr. Sie waren nun reicher, als sie mit Postkutschenüberfällen jemals hätten werden können. Unangenehm war nur, dass ihr Reichtum so lange ein hypothetischer bleiben musste, als der Zwischenfall mit der Wells-Fargo-Kutsche sie an einer Rückkehr in die Legalität hinderte. Die Sache musste aus der Welt geschafft werden.

Nun gab es damals in Virginia City, Nevada, einen Senator namens William W. Stewart, der als Jurist in Rechtsstreitigkeiten um Schürfrechte ein Vermögen gemacht hatte und dafür bekannt war, dass er in solchen Fällen vermittelnd dienlich sein konnte. Wie die Legende erzählt, entschieden sich die Räuber, ihre Satteltaschen mit Silbererz zu füllen, nach Virginia City zu reiten und den Mann um Hilfe zu bitten. Daraufhin erkundigte sich der Senator bei Wells Fargo, wie viele Kilogramm oder Zentner Silber nötig wären, um den bedauerlichen Vorfall mit der Postkutsche ungeschehen zu machen. Dem Vernehmen nach übermittelte Wells Fargo umgehend eine Gewichtsangabe – Senator Stewart sprach viele Jahre später von 12 000 bis 20 000 Dollar –, worauf der strafrechtliche Aspekt der Angelegenheit stillschweigend fallengelassen wurde.

Nachdem das erledigt war, kaufte Senator Stewart den

Räubern ihre Claims im Surprise Canyon ab und gründete im Januar 1874 nicht nur eine Minengesellschaft, sondern gleich deren neun, um möglichst viele Investoren am zu erwartenden Silberboom teilhaben zu lassen. Die Aktien bot er an der Börse von San Francisco zu einem Gesamtpreis von fünfzig Millionen Dollar an.

In den folgenden Monaten schoss im Surprise Canyon unter den Augen der Shoshone-Indianer die Kleinstadt Panamint City aus dem Wüstenboden. Im März zählte der Ort hundertfünfundzwanzig Einwohner, Ende des Jahres waren es zweitausend; allein im September trafen hundertfünfzig chinesische Wanderarbeiter ein. Wie in fast allen Kleinstädten des Wilden Westens lag der Anteil der männlichen Bevölkerung deutlich über neunzig Prozent, und die weitaus am stärksten vertretene Altersgruppe war jene der Achtzehn- bis Fünfundzwanzigjährigen.

Links und rechts entlang der Hauptstraße wurde ein gutes Dutzend Saloons eröffnet. Manche waren schlichte Baracken oder Zeltbauten, andere schmückten sich mit Kristallleuchtern, geschliffenen Spiegeln und goldenen Seidentapeten. Etwas abseits der Hauptstraße im Little Chief Canyon richtete sich Bordellmutter Martha Camp mit ihren Mädchen ein. Diese boten, weil es in Panamint City kein Krankenhaus gab, gegen Entgelt auch ihre Dienste als Krankenschwestern an. Sie schienten Beinbrüche und verarzteten Schusswunden, und wenn ein Minenarbeiter mit Fieber darniederlag, brachten sie ihm Hafergrütze ans Bett und flößten ihm Tee ein.

Hinzu kamen binnen weniger Wochen zwei Banken, ein Schuhmacher und ein Barbier, drei Ärzte, vier Anwälte sowie ein Apotheker, ein Metzger und ein Juwelier. Am 26. November 1874 erschien die erste Nummer der *Panamint News*, die vor allem der Verbreitung positiver Meldungen zwecks

Erhöhung des Aktienkurses diente. Eine Schule oder eine Kirche gab es in Panamint City nie, auch keinen Sheriff, kein Gericht und kein Gefängnis. In den fünf Monaten von November 1874 bis März 1875 wurden im Städtchen fünf Menschen totgeschossen, aber niemand wurde für diese Taten jemals verurteilt; der junge und allseits beliebte Rechtsanwalt William Cassius Smith, der interimistisch als Untersuchungsrichter waltete, erkannte in sämtlichen Fällen auf Notwehr.

Ein besonders glücklicher Tag war es, als ein deutscher Bierbrauer namens Louis Munzinger mit einem Planwagen voll Brauerei-Utensilien in Panamint City eintraf, um den Durst der Schürfer mit deutschem Bier zu löschen. Er war einundvierzig Jahre alt und seit sieben Jahren in Amerika, und neben ihm auf dem Kutschbock saß seine junge, seine sehr junge, seine erst fünfzehnjährige Ehefrau Ada, die schon ihren zweiten Säugling auf dem Arm trug und seit mindestens drei Jahren an der Seite ihres Ehemanns durch den Wilden Westen zog.

Über dieses Mädchen wüsste ich gern mehr. Ich wüsste gern, was sie als Elf- oder Zwölfjährige dazu gezwungen haben mag, ihr Schicksal in die Hände eines dreimal älteren Mannes zu legen. Ich wüsste gern, ob Vater und Mutter dem Hunger oder einer Krankheit oder einem Verbrechen zum Opfer gefallen waren oder ob sie aus dem Elternhaus davongelaufen war, weil es ihr anderswo nicht schlechter ergehen konnte. Ich wüsste gern, ob sie sich diesen Louis Munzinger, der dem Vernehmen nach ein bärenhaft gutmütiger Mann war, mit kluger Berechnung zum Beschützer gewählt hatte und ob sie schon so jung wusste, was eine Frau tun musste, damit ein Mann sie an seiner Seite behielt.

All das weiß ich nicht. Ich weiß es nicht, weil über Frauen zu jener Zeit selten etwas in der Zeitung stand. Sie begingen weniger strafrechtlich relevante Verbrechen, und wenn sie heirateten, legten sie ihren Namen ab und verschwanden aus dem Stammbaum ihrer Familie, und wenn sie zu Geld kamen und ein Haus kauften, brauchten sie von Gesetzes wegen einen Mann, der für sie die Verträge unterschrieb. Deshalb weiß ich nur mit Sicherheit, dass Adas Mädchenname Galarone lautete, was auf italienische Wurzeln hindeutet, und dass sie 1859 in der kalifornischen Goldgräberstadt Sonora zur Welt gekommen ist und spätestens 1871 Louis Munzinger über den Weg gelaufen sein muss.

Der Bierbrauer hieß also Munzinger. Die Entdeckung seines Familiennamens versetzte mich vorübergehend in ziemliche Aufregung, denn das Geschlecht der Munzinger ist in meiner Heimatstadt Olten seit über fünfhundert Jahren stark vertreten, und zwar quantitativ wie qualitativ. Viele hießen Hans oder Johann, tatsächlich gibt es eine über vier Jahrhunderte anhaltende Hans/Johann-Linie. Ein Oltner namens Josef Munzinger war 1848 der erste Finanzminister des jungen schweizerischen Bundesstaates und gilt als Vater des Schweizer Frankens; sein Sohn Walter hat das Schweizerische Obligationenrecht verfasst, und dessen Bruder Werner war Afrikaforscher, darüber hinaus hat die Familie einige ausgezeichnete Musiker, eine Chinareisende namens Mizzi sowie einige Kunstmaler hervorgebracht; ich selbst habe ein hübsches kleines Ölgemälde von Hans Munzinger in meiner Küche hängen und lasse mir alle paar Monate das Kopfhaar von meinem Freund Pit oder dessen Schwester Katrin schneiden, die beide Oltner Munzinger in achtzehnter Generation sind.

Es wäre mir deshalb eine Freude gewesen, ihre Ahnengalerie um einen Bierbrauer im Death Valley zu ergänzen. Aber leider gab Louis Munzinger bei den Volkszählungen 1870, 1880 und 1900 als Geburtsort nicht Olten, sondern Bayern an. Das wollte ich nun nicht unbesehen glauben, denn wenn ich Bierbrauer in Amerika wäre, würde ich womöglich auch meine Vaterstadt verleugnen und mich zu Werbezwecken als Bayer ausgeben. Also stieg ich den Stammbaum seiner Ahnen hinunter von Zweig zu Zweig, von Ast zu Ast durch die Jahrhunderte – und gelangte schließlich zur Überzeugung, dass Louis eben doch ein Oltner gewesen sein muss. Ziemlich sicher. Sehr wahrscheinlich. Ausgeschlossen ist es jedenfalls nicht.

Fürs Erste musste ich allerdings einräumen, dass er tatsächlich gebürtiger Bayer war, zur Welt gekommen am 9. November 1832 in Bruchmühlbach in der Rheinpfalz, auf halbem Weg zwischen Saarbrücken und Mannheim. Das liegt zwar an der französischen Grenze und nach heutigem Verständnis weit westlich von Bayern, aber der Wiener Kongress hatte die Gegend nach den Napoleonischen Kriegen dem Königreich Bayern zugeschlagen.

Wenn man nun Louis' Stammbaum zurückverfolgt, stößt man auf dessen Vater Johann (!) Christian Munzinger, der 1798 ebenfalls in Bruchmühlbach geboren wurde, dann auf Großvater Johann (!) Adam (*1765), der Kaiserlicher Reichsposthalter in Bruchmühlbach war und im Herbst 1812 Kaiser Napoleon auf seinem Rückweg aus Moskau eine Nacht lang unter seinem Dach beherbergte. Eine weitere Astgabel tiefer findet sich Urgroßvater Johann Adam (*1721), ebenfalls Posthalter in Bruchmühlbach, dann Ur-Ur-Großvater Johann Philipp (*1689), Begründer des Postamts in Bruchmühlbach, und schließlich Ur-Ur-Ur-Großvater Hans Wilhelm (*ca. 1660), Bauer in Bruchmühlbach.

Ur-Ur-Ur-Ur-Großvater Hans Reinhard Munzinger (*ca. 1630) aber – wusste ich's doch – war kein gebürtiger Bruchmühlbacher, sondern aus der Schweiz eingewandert; so steht es in den pfälzischen Annalen. Dass er tatsächlich ein Oltner war, lässt sich nicht mit letzter Sicherheit nachweisen, denn er ist im Stammbaum der Oltner Munzinger nicht verzeichnet. Weil aber zu jener Zeit schätzungsweise neunzig Prozent aller Schweizer Munzinger in Olten wohnten und es, soweit bekannt, auch in der übrigen Schweiz keinen Hans Reinhard Munzinger gab, wage ich zu behaupten, dass er eben doch ein Oltner war.

Möglicherweise ist er vor dem zwanzigsten Altersjahr in die Pfalz ausgewandert und fand deshalb keine Aufnahme in den Stammbaum. Oder er war als Teenager in französischen Kriegsdienst getreten, wie es damals üblich war. Oder sein Familienzweig hatte sich in einem der Bauerndörfer vor den Stadtmauern niedergelassen, deren Einwohner nirgends schriftlich verzeichnet wurden.

Jedenfalls ist der Schweizer Hans Reinhard Munzinger 1661 in die vom Dreißigjährigen Krieg entvölkerte Pfalz gezogen und hat am 7. Mai in Bruchmühlbach ein Gartengrundstück gekauft – womit dessen Ur-Ur-Ur-Ur-Enkel Louis Munzinger, der Bierbrauer im Death Valley, wenn auch nicht direkt ein Sohn meiner Stadt, so doch ihr Ur-Ur-Ur-Ur-Großneffe sechsten Grades war. Gewesen sein könnte.

Klettert man übrigens den Stammbaum der Pfälzer Munzinger wieder hoch, wird man feststellen, dass der eingewanderte Schweizer Stammvater neben dem erwähnten Hans Wilhelm (*1660) einen älteren Sohn namens Hans Theobald (*1657) hatte, dessen Sohn Hans Michel (*1679) Bauer im Nachbarsdorf Gerhardsbrunn wurde und den Hof seinem Sohn Hans Michel (*1708) übergab. Dieser übergab ihn seinem Sohn Johann Adam (*1745), der ihn wiederum seinem Sohn Johann Jakob (*1768) übergab. Dann folgte Jakob (*1807), der durch Heirat Gastwirt, Bierbrauer und Bürgermeister im Nachbarort Quirnbach wurde und zu den Anführern der Pfälzischen Revolution von 1849 gehörte; sein Sohn Adolf (*1834) übernahm die väterliche Brauerei und das Bürgermeisteramt, konnte beides aber nicht an seinen Erstgeborenen Ernst August (*1855) weitergeben, weil dieser mit seinen Brüdern Adolf und Friedrich als Bierbrauer nach Russland auswanderte.

Dort kam mit Ernst Gustav Munzinger (*1887–1945) der letzte männliche Spross jenes Munzinger-Zweigs zur Welt. Er ging in die Geschichte ein, weil er nach anfänglicher Nazi-Begeisterung zum Kreis der Hitler-Attentäter vom 20. Juli 1944 gehörte und in der Nacht zum 23. April 1945 gemeinsam mit vierzehn weiteren Widerstandskämpfern in der Berliner Invalidenstraße von der Gestapo erschossen wurde. Auf den wenigen Fotos, die es von ihm gibt, sieht er meinem Oltner Freund Pit Munzinger ähnlich, als wären sie Brüder – womit für meine Ansprüche hinreichend erwiesen ist, dass wir Oltner nicht nur fürs Bierbrauen im Death Valley zuständig sind, sondern auch für Hitler-Attentate. Wenn auch nicht immer alles nach Plan verläuft.

Kehren wir hinter die Sierra Nevada zurück, wo Louis Munzinger um 1870 auftauchte, ein kleines Mädchen namens Ada Galarone schwängerte und heiratete und im Handelsstädtchen Lone Pine Bier braute, bis am 26. März 1872 nachts um halb drei ein gewaltiger Erdstoß den Ort erschütterte, der bis hinauf nach Kanada und hinunter nach Panama zu spüren war. Die Shoshone-Indianer in den umliegenden Tipi-Dörfern wurden durch das Beben nur kurz aufgeweckt und schliefen dann weiter, die Backsteinhäuser in Lone Pine aber zerfielen in Sekundenschnelle zu Schutt und Asche. Dreißig von dreihundert Einwohnern starben, zweiundfünfzig von neunundfünfzig Häusern stürzten ein.

Louis und Ada Munzinger blieben unversehrt, ihr erstgeborener Sohn Louis Munzinger junior aber wurde von herunterstürzendem Mauerwerk erschlagen. Sie begruben ihn am nächsten Morgen in der staubigen Erde, die noch eine Woche lang unter mehr als tausend Stößen weiterbebte. Heutige Geologen schätzen, dass der erste Erdstoß eine Magnitude von 7,5 bis 8 auf der Richter-Skala hatte und dass ein solches Beben im Grabenbruch von Lone Pine nur alle drei- bis viertausend Jahre vorkommt.

Am 4. Juli des folgenden Jahres gebar Ada Munzinger, eben erst vierzehn geworden, ein zweites Söhnchen, das wiederum auf den Namen Louis junior getauft wurde und seines Geburtsdatums wegen den patriotischen Mittelnamen »Washington« erhielt. Als einige Monate später der Boom in Panamint City begann, packte Louis Munzinger seine Brauerutensilien auf den Planwagen und zog mit Frau und Kind in den Surprise Canyon. Er grub ein Loch in den Hang, fand Wasser von ausreichend geringer Härte und nahm die Bierbrauerei auf. Sein bester Kunde wurde der *Inyo Saloon*, der bei den Mineuren beliebt war wegen des großen Billardtischs, den der Wirt auf einem Ochsengespann aus dem fünfhundert Meilen entfernten San Francisco hatte herbeischaffen lassen.

Das Erz, das im Surprise Canyon gefördert wurde, enthielt Silber für respektable neunhundert Dollar pro Tonne. Die Aktienkurse stiegen, Senator Stewart wurde vorübergehend reich. Aber Panamint City war ein gesetzloser Ort, an dem kein Tag ohne Schießerei verging. In den umliegenden Hängen warteten allerlei dunkle Gestalten darauf, sich ihren Anteil am neuen Reichtum zu sichern; auch die vier Banditen, die den Silberboom ausgelöst hatten, waren noch immer in der Gegend und lebten ohne erkennbare Beschäftigung in

Saus und Braus von dem Geld, das sie ganz legal von Senator Stewart bekommen hatten.

Eine Schwierigkeit erwuchs der Minengesellschaft aus dem Umstand, dass Wells Fargo sich aus Sicherheitsgründen weigerte, den Abtransport des Silbers in die Tresore der großen Bankhäuser von San Francisco zu übernehmen. Senator Stewart löste das Problem, indem er das Silber nicht in handliche Barren, sondern zu vierhundert Pfund schweren Würfeln gießen ließ, die kraft ihres Gewichts derart diebstahlsicher waren, dass man sie ohne jede Bewachung an allen Banditen und Ganoven vorbei in gewöhnlichen Fuhrwerken aus dem Surprise Canyon hinausschaffen konnte.

Schon im zweiten Betriebsjahr aber zeigte sich, dass das Silbervorkommen nur ein oberflächliches war. Kaum hatten die Arbeiter die Schächte ein paar Yards in den Berg getrieben, verringerte sich der Silbergehalt dramatisch. Es war absehbar, dass die Adern rasch erschöpfen würden. Hinzu kam, dass auf dem Weltmarkt die Nachfrage nach Silber einbrach, weil Deutschland nach dem Sieg im Deutsch-Französischen Krieg fünf Milliarden Francs Reparationszahlungen in Gold erhalten und das Prägen von Silbertalern eingestellt hatte, worauf in einer Kettenreaktion alle Industrieländer vom Silber- auf den Goldstandard umstellten. Die Aktienkurse der Panamint-Gesellschaften, die nach dem Wiener Börsenkrach schon abgestürzt waren, gingen in freien Fall über. Senator Stewart beklagte große Verluste. Kritische Stimmen wandten allerdings ein, dass der Senator von Anfang an wissentlich einen kurzlebigen Boom inszeniert habe, um leichtgläubigen Anlegern in verbrecherischer Absicht das Geld aus der Tasche zu ziehen.

Mitte Mai stellte die Minengesellschaft die Arbeit ein. Ein Saloon nach dem anderen sperrte zu, die chinesischen Wanderarbeiter wanderten zweihundert Meilen nordwärts nach der Goldminenstadt Bodie, die gerade ihren ersten Boom erlebte. Auch Martha Camp und die Mädchen verließen den Little Chief Canyon. Die Postkutsche kam nicht mehr täglich, sondern nur noch einmal im Monat. Am 21. Oktober 1875 stellte die *Panamint News* ihr Erscheinen ein.

Die finale Katastrophe ereignete sich am 24. Juli 1876, als im Gebirge ein Wolkenbruch niederging. Das Bächlein, an dem drei Jahre zuvor die Postkutschenräuber gelegen hatten, schwoll an zu einem reißenden Strom. Die letzten verbliebenen Einwohner von Panamint City konnten sich rechtzeitig an den Berghängen in Sicherheit bringen – auch Louis Munzinger mit Frau und Kind –, aber die Wohnhäuser und die Saloons wurden fast alle von den Fluten mitgerissen, ebenso das Postamt, die Banken, die Anwaltskanzlei, die Schuhmacherwerkstatt und die Bierbrauerei.

Nur der Billardtisch des *Inyo Saloon* war so schwer, dass er den Wassermassen widerstehen konnte. Als die Flut vorüber war und die Wolken sich verzogen hatten, stand er im Freien, sein grünes Filztuch blich in der Wüstensonne.

Die Aktiengesellschaften hatten kein Geld für den Wiederaufbau und meldeten Konkurs an, ihre letzten Angestellten zogen fort. Louis Munzinger barg ein weiteres Mal seine Brauerutensilien aus den Trümmern und fuhr im Planwagen einer neuen Heimat entgegen. Seine kindliche Ehefrau Ada lief ihm irgendwann davon, und zwar ohne Louis Washington junior und hoffentlich mit einem feurigen Jüngling ihres Alters; die letzten Informationen, die es von ihr gibt, lauten dahin, dass sie 1897 irgendwo im Süden zwischen Lone Pine und Los Angeles auf der alten Wüstenstraße eine Poststation führte.

Louis Munzinger ließ sich fünf Tagesreisen nördlich von Panamint City in Bishop, Inyo County, nieder, braute weiter

Bier und führte einen gemütlichen Ausschank, der ihm zu Wohlstand verhalf. Louis Washington junior blieb zeitlebens beim Vater und braute mit ihm Bier. Er heiratete im Mai 1899 eine Leonora May Deck und hatte mit ihr zwei Töchter, die er Leonora und Estelle taufte und im Haus des Vaters großzog. Laut Aussagen der Mädchen war es ein glücklicher Haushalt. Als Louis senior bettlägerig wurde, pflegte ihn der Sohn hingebungsvoll bis zu dessen Tod am 6. Januar 1913. Und als der Junior sechzehn Jahre später, am Morgen des 22. Januar 1929, ebenfalls starb, wurde er auf dem East Line Street Cemetery neben dem Vater zur letzten Ruhe gebettet (Sektor 2, Reihe 9, Gräber 14 und 15). In den Ruinen von Panamint City blieben nur ein paar Unentwegte zurück, schürften noch jahrelang auf eigene Faust Silber und spielten Billard auf dem Freiluft-Tisch des *Inyo Saloon*, bis dessen Filz zu Staub zerfallen, die Queues verbogen und die Elfenbeinkugeln eiförmig abgewetzt waren.

Und als endgültig alles vorbei war, kehrten die Shoshone-Indianer zurück, die seit Jahrtausenden im Surprise Canyon gelebt hatten. Sie hatten schon immer gewusst, dass man am Talboden nicht siedeln sollte, weil dort alle paar Jahre ein Hochwasser kommt.

Skidoo

Fünfundzwanzig Meilen nördlich des Surprise Canyons liegt hoch oben in den Panamint Ranges eine Geisterstadt namens Skidoo. Im Frühling 1908 gab es dort mehrere Goldminen, eine Post und ein Telegraphenamt sowie einen General Trading Store, in dem auch die lokale Niederlassung der Southern California Bank untergebracht war. Auf der anderen Straßenseite befand sich in einer Zeltbaracke der *Gold Seal Saloon*, in dem harte Kerle Umgang pflegten mit ein paar Damen, die sich als Französinnen ausgaben.

Der Wirt des *Gold Seal Saloon* hieß Joseph Simpson. Man nannte ihn Hootch (»Fusel«), weil er billigen Schnaps saufen konnte wie kein Zweiter. Seine Besäufnisse dauerten nicht nur einen Abend oder eine Nacht, sondern mindestens drei oder vier, manchmal sogar fünf Tage hintereinander. Wenn Hootch trank, wurde er böse, krakeelte im Städtchen umher und fuchtelte mit seiner Pistole herum. Er war aus Reno zugezogen, wo er als Gelegenheitszuhälter und Barkeeper gearbeitet und es zu lokaler Berühmtheit gebracht hatte. Im Sommer 1907 war er in Independence zu einer bedingt erlassenen Gefängnisstrafe verurteilt worden, weil er den Kronleuchter in der Eingangshalle eines Hotels unter Beschuss genommen hatte.

Sein letztes Besäufnis endete am späten Sonntagmorgen des 19. April 1908 in seinem eigenen Saloon. Er hatte seit der

Morgendämmerung allein trinken müssen, weil sich die anderen alle schlafen gelegt hatten. Um elf Uhr ging ihm der Schnaps aus, Geld hatte er auch keines mehr; wahrscheinlich hatte er es den Französinnen überlassen. Wenn Hootch weitertrinken wollte, musste er Geld beschaffen.

Also stand er auf und trat ins Freie. Wie die *Skidoo News* später berichteten, war es ein wolkenloser Tag, die Mittagssonne gleißte vom Himmel. Auf der Straße war kein Mensch zu sehen, die Hunde schliefen im schmalen Schatten der Häuser. Hootchs Augen waren blutunterlaufen, in der Hand hielt er seine Pistole. Er schwankte hinüber zum General Trading Store und baute sich am Tresen auf.

»Hey, Jim«, sagte er zu seinem Freund Jim Arnold, der gleichzeitig Gemischtwarenhändler, Goldminenbetreiber und Zweigstellenleiter der Southern California Bank war. »Gib mir zwanzig Dollar.«

Im Nachhinein muss man vermuten, dass Hootch nichts Böses im Sinn hatte. Er brauchte einfach zwanzig Dollar, das war alles. Aus Jim Arnolds Sicht jedoch sah es so aus, dass Hootch mit geladener Pistole am Schalter der Southern California Bank stand und Geld forderte. Einen Banküberfall aber konnte Jim Arnold seinem Freund Hootch bei aller Liebe nicht durchgehen lassen. Also warf er ihn auf die Straße und empfahl ihm, jetzt mal Ruhe zu geben und sich für ein paar Stunden aufs Ohr zu legen.

Das tat Hootch denn auch. Er ging heim in den *Gold Seal Saloon* und legte sich aufs Ohr. Als er aber drei Stunden später aufwachte, hatte er Kopfschmerzen und schon wieder Durst. Und weil er noch immer keinen Schnaps und kein Geld zur Hand hatte, kehrte er in den General Store zurück und hielt Jim Arnold aufs Neue die Pistole vor die Brust, worauf sich laut Zeugenaussagen folgendes Zwiegespräch entspann.

»Was hast du gegen mich, Jim?«

»Ach, Hootch, ich habe doch nichts gegen dich.«

»Doch, du hast was gegen mich. Mach dich zum Sterben bereit, ich schieße dich jetzt nieder.«

Und dann schoss Hootch Simpson seinem Freund Jim Arnold in die Brust.

Der Schuss knallte laut im sonntäglich dösenden Städtchen, von überall her liefen die Minenarbeiter herbei, die meisten nur unzureichend bekleidet und fast jeder mit irgendeiner Art Feuerwaffe in der Hand. Deputy Sheriff Henry Sellers legte den immer noch krakeelenden Hootch in Handschellen und sperrte ihn, weil es in Skidoo kein Gefängnis gab, in einen leeren Lagerschuppen. Ein paar Männer trugen den schwer verletzten Jim Arnold hinüber zu Doktor Reginald Mac-Donald, dem einzigen Arzt im Städtchen. Dort starb er in den frühen Abendstunden.

Der Deputy nahm umgehend die Ermittlungen auf. Sämtliche Augenzeugen stimmten darin überein, dass Hootch Simpson kurz nach elf Uhr am Schalter der Southern California Bank mit vorgehaltener und geladener Pistole zwanzig Dollar verlangt hatte, was eindeutig als versuchter Bankraub zu werten sei; die Geringfügigkeit des Betrags spielte für den strafrechtlichen Befund keine Rolle. Was nun den zweiten, weit schwerer wiegenden Tatbestand betraf, so stimmten die Augenzeugen ebenfalls überein, dass Hootch drei Stunden später, also kurz nach vierzehn Uhr, abermals zielstrebig und bewaffnet in die Bank eingedrungen und Jim Arnold nach einem kurzen Wortwechsel gezielt in die Brust geschossen hatte.

Hier lag vorsätzlicher und kaltblütiger Mord vor, das war jedem Einwohner Skidoos klar. Hootch Simpson würde am Galgen enden, das verlangten die geschriebenen wie die ungeschriebenen Gesetze des Westens. Aber der Weg dahin war lang. Als Erstes würde der Deputy pflichtgemäß einen Rapport schreiben und telegraphisch den Sheriff im hundert Meilen entfernten Independence über den Fall informieren. Dieser würde dann in einem dreitägigen Ritt anreisen und eine Untersuchung durchführen. Anschließend würde Hootch ins Bezirksgefängnis nach Independence gebracht werden, worauf ein langwieriges Strafverfahren seinen Anfang nehmen würde, das die Steuerzahler viele tausend Dollar kosten und nur einen korrekten Ausgang haben konnte – aber ob es jemals zu diesem Ende kommen würde, war doch sehr ungewiss.

Schießereien mit Todesfolge waren in den Kleinstädten des Inyo County alltäglich, die Strafverfolgungsbehörden litten unter chronischer Überlastung; in wenigen Monaten schon würde über Hootch Simpsons Bluttat Gras gewachsen sein. Und wenn er auf Notwehr plädierte, würde man ihn mit einiger Wahrscheinlichkeit mangels Beweisen schlicht laufen lassen und ihn lediglich ermahnen, sich nie wieder in der Gegend blicken zu lassen.

Am Montagmorgen, als die Arbeiter zu den Silberminen gingen, erwachte Hootch Simpson halbwegs ernüchtert aus seinem Delirium. Obwohl er noch immer mit Handschellen gefesselt war, gab er sich uneinsichtig fröhlich und nannte sich selber einen »echten Helden« und »Bohemien«.

Am Dienstag zogen Wolken auf. Bankverwalter Jim Arnold wurde in einer schlichten Zeremonie auf dem Friedhof beigesetzt.

Am Mittwoch verzogen sich die Wolken, es herrschte wieder sengende Hitze. Im Städtchen war es ungewöhnlich ruhig. Die Minenarbeiter machten pünktlich Feierabend und gingen nach Hause, die Saloons blieben leer. Eine Stunde nach Anbruch der Nacht erloschen in den Fenstern reihum die Lichter, die Leute schienen früh schlafen zu gehen. Um Mitternacht aber versammelten sich mehrere Dutzend Männer auf der dunklen Hauptstraße und gingen zum Schuppen, der als Hootchs Gefängnis diente. Schweigend drängten sie sich an Deputy Sheriff Sellers vorbei, schlugen die Tür ein und holten Hootch Simpson heraus. Der Deputy beteuerte später, die Männer seien bewaffnet und fünfzigfach in der Überzahl gewesen, und nein, er habe niemanden erkennen können, denn die Männer hätten Tücher vor den Gesichtern gehabt.

Als der nächste Tag anbrach, hing Hootch Simpson weithin sichtbar mitten auf der Hauptstraße mit einem Strick um den Hals an einem Telefonmast. Der Deputy schnitt ihn herunter, dann ließ er ihn in den *Gold Seal Saloon* tragen und auf einen Tisch legen, wo Doktor MacDonald seinen Tod feststellte und zwei Fotografien anfertigte. Das eine Bild zeigt Joseph Simpson auf dem Tisch liegend, für die zweite Fotografie ließ Doktor Macdonald den Erhängten zur Erhöhung des Erinnerungswerts wieder in Handschellen legen und mit einem Seil um den Hals ein zweites Mal hängen; aus Gründen der Diskretion geschah dies aber nicht unter freiem Himmel am Telefonmast, sondern im Schutz des Zelts an dessen Gestänge. Bei der polizeilichen Befragung gaben sämtliche Einwohner von Skidoo an, dass sie tief geschlafen und nichts Ungewöhnliches gehört oder gesehen hätten, weil es eine ungewöhnlich dunkle und stille Nacht gewesen sei; tatsächlich bestätigt ein Blick in den Vollmondkalender 1908, dass jene Nacht über Kalifornien mondlos war. Der Sheriff kam in seinem Bericht zum Schluss, dass Hootch Simpson durch Strangulation von unbekannter Hand zu Tode gekommen sei, und gab den Leichnam zur Bestattung frei.

Das Problem war nun, dass auf dem kleinen Friedhof das nächste freie Grab jenes neben Jim Arnold gewesen wäre und die Bürger von Skidoo es für unschicklich hielten, den Mörder im Tod mit seinem Opfer zu vereinen. Schließlich erbarmte sich jemand, holte die Leiche aus dem Saloon und packte sie in eine Holzkiste, hievte diese auf einen Schubkarren und fuhr damit aus der Stadt hinaus, wo Hootch in einem ausgedienten Goldgräberloch zur letzten Ruhe fand.

Am folgenden Tag brachen die Zeitungsschlagzeilen über Skidoo herein. »Schlächter von wütenden Mineuren gelyncht«, titelte der *Los Angeles Herald* am 25. April 1908, »Bürger von Skidoo nehmen Gesetz in eigene Hand. Sheriff überwältigt.«

»Mörder unter allgemeiner Zustimmung gelyncht«, schrieb Chefredakteur M. R. MacLeod in den *Skidoo News* und bemerkte am Schluss seines ganzseitigen Artikels, es wäre »eine nationale Schande, ja ein nationales Verbrechen gewesen«, einen Mann wie Joseph Simpson je wieder auf freien Fuß zu lassen. Deshalb sei die Methode, mit der die Bürger von Skidoo das Problem gelöst hätten, »GERECHT, KOSTENGÜNSTIG und EINE LEHRE für alle Revolverhelden in der Region. Diese werden, wenn sie künftig nach Skidoo kommen, aufmerksam die robusten und praktischen Telefonmasten betrachten, die in großer Zahl in dieser Stadt stehen, und sie werden sich dabei so ihre Gedanken machen.«

Dann nahm das Leben wieder seinen Lauf, Skidoo ging den Weg aller Geisterstädte. Die Goldader im Berg wurde dünner. Einen Monat nach Hootchs Tod barst die Wasserleitung, die die Goldmine mittels eines Wasserrads mit Energie versorgte. Für eine neue Leitung fehlte der Gesellschaft das Geld, da in der neuerlichen Bankenpanik von 1907 die Aktienkurse um die Hälfte eingebrochen waren. Hunderte von Arbeitern zogen fort. Die *Skidoo News* stellte ihr Erscheinen ein, die Druckerpresse wurde ins benachbarte Keeler verkauft.

Der Vorhang war gefallen, die Affäre erledigt. Die Zeitungen wandten sich anderen Sensationen zu. Sie berichteten über Ölfunde in Iran und die Olympischen Sommerspiele in London. Neue Goldvorkommen wurden entdeckt, neue Aktiengesellschaften gegründet, neue Morde begangen.

Aber sechs Wochen nach dem Drama stand in der *New York Times* vom 3. Juni 1908 eine kleine Notiz.

»Witwe eines Lynchopfers gesucht.

Bürger von Skidoo wollen der Witwe 25 000 Dollar übergeben.

Reno, Nevada, 2. Juni. Der Mann namens Joseph Simpson, der in Skidoo wegen Mordes an einem Saloonbesitzer gelyncht wurde, hat ein Vermögen von über 25 000 Dollar hinterlassen. Seine Freunde suchen seine Witwe und wollen ihr das Geld überreichen, sofern sie es geltend macht.«

Wie die *New York Times* dazu kam, den Bankangestellten Jim Arnold als »Saloonbesitzer« zu bezeichnen, ist nicht bekannt und vermutlich auf eine nachlässige Recherche des zuständigen Journalisten zurückzuführen. Wichtig ist die Information, dass Hootch Simpson ein Vermögen von 25 000 Dollar besessen hatte, denn das bedeutet, dass er keineswegs ein armer Schlucker war, der gleich eine Bank überfallen musste, wenn er am Ende eines langen Besäufnisses kein Kleingeld mehr in der Tasche hatte: Hootch war im Gegenteil ein wohlhabender Mann, der einfach kurz zur Bank gehen konnte, wenn er Geld brauchte.

So wird ein Jahrhundert später offensichtlich, dass Joseph Simpson an jenem 19. April 1908 unrecht getan worden ist. Er war tödlich beleidigt, als Jim Arnold ihm die zwanzig Dollar verweigerte und ihn auf die Straße warf – ihn, der 25 000 Dollar bei der Southern California Bank liegen hatte. Wohl hatte er an jenem Morgen mit der Pistole gefuchtelt, aber keinen Augenblick wäre es ihm eingefallen, seine eigene Hausbank zu überfallen. Er hatte einfach zwanzig Dollar gebraucht, um die nächsten vierundzwanzig Stunden weitersaufen zu können. Das muss den Bürgern von Skidoo schmerzlich bewusst geworden sein, als sie in Hootchs Hinterlassenschaft dessen Sparbuch fanden.

Ob die Witwe ihr Erbe je angetreten hat, weiß ich nicht. Die *New York Times* erwähnte Hootch Simpsons Namen nie wieder und hat auch nie mehr aus Skidoo berichtet.

Was aber seinen geschundenen Leichnam betraf, so sollte es noch eine Weile dauern, bis dieser tatsächlich zur ewigen Ruhe fand. Schon in der ersten Nacht nach dessen formloser Bestattung schlich Doktor MacDonald mit einem Skalpell und einem Gehilfen zum Goldgräberloch hinaus und holte sich Hootch Simpsons Kopf, um das Hirn auf Syphilisschäden und andere Abnormitäten zu untersuchen. Nachdem er seine Neugier gestillt hatte, setzte er das blutige Ding auf einen Ameisenhügel, bis das meiste Fleisch weg war, kochte den Schädel drei Tage lang aus und verwahrte ihn fortan in einem Leinenbeutel unter dem Fußboden, wo einer seiner Nachfolger ihn Jahre später zufällig fand. Seither wird Hootchs Schädel von einer Hand zur nächsten gereicht. Mitte des 20. Jahrhunderts wurde er einem lokalen Museum als Ausstellungsstück angeboten, das ihn aber nicht annehmen durfte, weil die Museumsstatuten zwar die Annahme von Indianerknochen erlaubten, jene von weißen Männern jedoch aus Pietätsgründen untersagten.

Was mit Hootch Simpsons übrigen Überresten geschah, ist ungewiss. Manche sagen, sein kopfloses Skelett sei nach vielen Jahren ans Tageslicht zurückgekehrt, als ein ahnungsloser

Goldgräber sich in der Grube zu schaffen machte. Andere behaupten, wenige Tage nach seinem Tod seien ein paar Damen zweifelhaften Rufs mit einem Planwagen aus Beatty herübergefahren, um Hootchs zweifach gehängten und einfach geköpften Leichnam einem christlichen Begräbnis zuzuführen. Auf dem Rückweg durch die Höllenhitze des Death Valley aber sei der Gestank derart unerträglich geworden, dass die Damen von ihrem Vorhaben abließen und Hootch irgendwo am Straßenrand abluden.

Salt Wells

In den Tiefen des Death Valley erkennt man das Nahen des
Frühlings daran, dass sich die Eidechsen auf den Rücken
legen, um ihre heißen Pfoten zu kühlen. Und wenn sie auch
noch auf die Pfoten blasen, dann ist der Sommer nicht fern.
Wer hier frühmorgens ein Hühnerei in die Sonne legt, kann
es mittags hartgekocht schälen, und wer hier stirbt, zerfällt
nicht zu Staub, sondern vertrocknet binnen weniger Stunden
zur Mumie.

In dieser Gegend machte 1874 ein Mann namens Jonathan
Newhouse Schlagzeilen, der angeblich eine Rüstung gegen
Hitze und Sonneneinstrahlung erfunden hatte. Diese bestand
laut Angaben der Zeitung *Territorial Enterprise* in Virginia City
aus einem langen, eng anliegenden Jackett, das aus finger-
dicken Badeschwämmen zusammengenäht war, und einer
Mütze aus demselben Material. Unter dem rechten Arm trug
Jonathan Newhouse einen Wasserbeutel aus Kautschuk, von
dem ein Schlauch hinauf an die Mützenspitze führte und dafür sorgte, dass die Solarrüstung jederzeit von oben mit Wasser
getränkt wurde, dessen Verdunstung eine erhebliche Ober-
flächenkühlung zur Folge hatte. Um die Rüstung feucht zu
halten, brauchte der Wüstenreisende nichts weiter zu tun, als
gelegentlich mit dem rechten Oberarm auf den Beutel zu
drücken.

Laut Zeitungsangaben war Jonathan Newhouse siebenundvierzig Jahre alt und aus Ohio angereist, um seine Erfindung unter den härtesten denkbaren Bedingungen zu erproben. Gemäß *Territorial Enterprise* verließ er am 27. Juni die letzte menschliche Siedlung mit der Ankündigung, dass er in zwei Tagen wiederkehren werde. Am 29. Juni tauchte aber nicht Newhouse, sondern ein Indianer auf, der des Englischen kaum mächtig war und den anwesenden Männern mit aufgeregten Gesten bedeutete, ihm zu folgen. Nach einem Ritt von zwanzig Meilen ins Innere der Wüste deutete der Indianer auf eine menschliche Gestalt, die in der mörderischen Hitze an einem Felsen lehnte. Es war Newhouse, steif gefroren in seiner Rüstung. Sein Bart war mit Rauhreif bedeckt, an der Nase hing trotz der sommerlichen Mittagssonne und einer Temperatur von mutmaßlich über 150 Grad Fahrenheit ein Eiszapfen. Newhouse war, so schloss die *Territorial Enterprise*, mitten im Death Valley jämmerlich erfroren, weil seine Erfindung allzu gut funktioniert hatte und er sich aus seinem vereisten Panzer nicht hatte befreien können.

Die Geschichte wurde von vielen Zeitungen übernommen. Am 7. Juli stand sie wortgetreu im *San Francisco Examiner*, am 10. in der *New York Times* und am 25. im *Scientific American*, dann überquerte sie den Atlantischen Ozean und machte die Runde in Großbritannien. Die *London Times*, der *York Herald* und der *Bath Chronicle* druckten sie unter dem Titel »Zu erfolgreich« ab, ebenso der *Sheffield Daily Telegraph* und die *Edinburgh Evening News*. Einzig der Londoner *Daily Telegraph*, die wichtigste Zeitung im Britischen Empire und damit die meistgelesene Zeitung der Welt, meldete leise Zweifel an, ob es möglich sei, mit bloßer Wasserverdunstung so viel Kälte zu produzieren. »Wenn auch unsere Zunftbrüder in den weiten Ebenen des Mittleren Westens das Schicksal des Mr. Newhouse *au grand serieux* verkünden«, schrieb der *Telegraph* am

3. August 1874, »müssen wir doch gestehen, dass wir einige
zusätzliche Informationen benötigen würden, um die Geschichte ohne Zögern zu glauben. Gewiss weiß jedermann,
der jemals eine Flasche Wein durch Umwicklung mit einem
feuchten Tuch gekühlt hat, um die erstaunliche Kälte, die bei
Verdunstung entsteht. Wir sind deshalb willens, die Erzählung
aus Virginia City im Sinne Herodots, des Vaters aller Ge-
schichtsschreibung, entgegenzunehmen – das heißt, wir wollen sie nicht in Bausch und Bogen verwerfen, aber auch nicht
vorbehaltlos glauben.«

Ein Exemplar jenes *Daily Telegraph* ging anderntags mit
der Amerikapost an Bord eines Dampfschiffs nach New York,
durchquerte mit Bahn und Postkutsche die weiten Ebenen des
Mittleren Westens und kam nach drei Wochen bei seinem
Abonnenten in Virginia City an, der das Blatt umgehend zur
Redaktion des *Territorial Enterprise* trug, wo nebst einem jungen Journalisten namens Mark Twain auch der für die Geschichte zuständige Redakteur William Wright arbeitete.
Dieser griff zur Feder und lieferte, in seiner Journalistenehre
getroffen, den hochnäsigen Briten die gewünschten zusätz-
lichen Informationen nach.

»Es mag tatsächlich sonderbar anmuten«, schrieb Wright
in der Ausgabe vom 30. August, »dass allein durch Wasserverdunstung so viel Kälte entsteht. Aber es scheint sich nun he-
rauszustellen, dass es nicht Wasser war – oder nicht ausschließlich Wasser –, das der unglückliche Gentleman zur Kühlung
verwendete. Zwei Wochen nach unserem Bericht über die
traurige Angelegenheit nämlich erhielten wir einen Brief
von David Baxter, nach eigenen Angaben Friedensrichter
und Sheriff ex officio in Salt Wells am nördlichen Ende des
Death Valley. ›Wir haben nach gründlicher Untersuchung der
Leiche festgestellt‹, schreibt Mr. Baxter, ›dass Mr. Newhouse

aus Knox County, Ohio*, am 27. Tag des Monats Juni anno domini 1874 im Death Valley, Inyo County, Kalifornien, zweifelsfrei durch Erfrieren zu Tode gekommen ist. Sein Körper war auf eigenen Wunsch eingeschnürt in eine Art Schwamm, die er als Solarrüstung bezeichnete und die befeuchtet wurde mit einem Kühlmittel, dessen genaue Natur wir nicht benennen können.‹ Hinweise auf das Kühlmittel ergaben sich jedoch in der Reisetasche, die Mr. Newhouse in der Siedlung zurückgelassen hatte. Diese enthielt Flaschen und Gläser in verschiedenen Größen, die mit allerlei Flüssigkeiten, Pulver und Salzen gefüllt waren. Eine der größten Flaschen war mit ›Ether‹ beschriftet, eine andere mit ›Bisulphide of Carbon‹. Auf einem Etikett stand ›Ammonic Nitrate‹, auf einem anderen ›Sodic Nitrate‹, ›Ammonic Chloride‹, ›Sodic Sulphate‹ und ›Sodic Phosphate‹.«

»Mr. Baxter ist nun überzeugt«, fuhr William Wright fort, »dass der unglückliche Erfinder beim Versuch, sich aus seiner kalten Rüstung zu befreien, versehentlich immer wieder gegen den Kautschukbeutel gedrückt hat, wodurch immer mehr Kühlmittel in seine Mütze hochgepumpt wurde, was wiederum den Vereisungsprozess noch beschleunigte. Nach seinem Ableben führte zudem die Totenstarre dazu, dass durch unablässigen Druck auf den Beutel ein beständiger Fluss von Kühl-

---

mittel den Vereisungsprozess tagelang aufrechterhielt. Gemäß Mr. Baxter erlitten die Männer, die Mr. Newhouse fanden, erhebliche Erfrierungen an den Händen beim Versuch, die Leiche auf ein Pferd zu binden, weil bei jeder Berührung des Schwamms Kühlflüssigkeit austrat. Die Männer konnten die Leiche erst behändigen, nachdem sie sie aus der Rüstung herausgeschnitten hatten. Letztere wurde in der Wüste zurückgelassen. Mr. Baxter beabsichtigt, die Flaschen und Gläser mit den Chemikalien an die Akademie der Wissenschaften in San Francisco zu übermitteln, ebenso die Solarrüstung, falls sie in der Wüste noch auffindbar sein sollte. Ob das inzwischen geschehen ist, entzieht sich unserer Kenntnis. Das Bulletin der Akademie hat bisher noch keine Meldung über die Chemikalien oder die Rüstung gemacht.«

Bleibt anzumerken, dass das Bulletin der Akademie der Wissenschaften in San Francisco auch in den folgenden hundertachtunddreißig Jahren bis zur Niederschrift dieser Zeilen keine Meldung über einen allfälligen Eingang der erwähnten Chemikalien oder gar der Rüstung gemacht hat.

Hawiku

Einer der ersten Europäer in dieser Weltgegend war ein Spanier namens Francisco Vásquez de Coronado, der am 23. Februar 1540 im Auftrag des Vizekönigs von Mexico City aufgebrochen war, die sagenumwobenen sieben Städte von Cibola im Norden Amerikas zu finden, die Gerüchten zufolge noch prächtiger anzuschauen waren als Tenochtitlan und Cuzco, mit Toren aus Türkis, silbern gepflasterten Straßen und Kellern voller Goldschätze. Dreihundert Soldaten hatte er bei sich, doppelt so viele Indianerkrieger und dreimal so viele Lastpferde für den Abtransport der erhofften Reichtümer, und als Notvorrat führte er fünfhundert Rinder und fünftausend Schafe mit. Er war dreißig Jahre alt und bot zweifellos einen imposanten Anblick mit seinem vergoldeten Brustpanzer und dem gefiederten Helm. Für den Fall, dass sein Lieblingspferd sich niederlegen würde, hatte er zweiundzwanzig weitere Lieblingspferde dabei.

Nach vier Monaten hatte Coronado die Mohave-Wüste durchquert und stieß in einer Gegend, die wir heute Arizona nennen, auf eine Kleinstadt namens Hawiku, die angeblich sehr groß und reich sein musste. Coronado eroberte die Stadt gegen den Widerstand der mit Steinen und Pfeilbogen bewaffneten Einwohner und ließ sie gründlich plündern, musste dann aber feststellen, dass Hawiku keinesfalls eine Goldstadt, sondern lediglich ein Lehm- und Ziegelstein-Pueblo der

Zuni-Indianer war. Diese waren feingliedrige, kaum fünf Fuß große Menschen, die in einer matrilinearen, tief religiösen Gesellschaft organisiert waren und eine friedfertige Kultur bemerkenswerter metaphysischer Verfeinerung pflegten, auch waren sie geschickte Korbflechter und Töpfer und verstanden es, auf den kargen Böden reichlich Mais, Kürbisse und Melonen anzubauen. Aber materiell lebten sie äußerst genügsam fast nackt in ihren bescheidenen, klug konstruierten Lehmbauten, die ihnen im Sommer die Hitze und im Winter die Kälte vom Leib hielten.

Als der fremdländische Besucher sich nach den sieben goldenen Städten von Cibola erkundigte, zuckten die Zuni mit den Schultern und deuteten, um nicht unhöflich zu erscheinen, nach dem Hochland im Westen, wo sich die prächtige und schwerreiche Stadt Tusayan befinde. Dort angekommen aber fand Coronado nichts weiter vor als eine Terrassensiedlung der Hopi-Indianer, die kaum komfortabler war als das Dorf der Zuni.

Auch die Hopi waren ein Volk, das für sich in Anspruch nahm, in Einklang mit der Umwelt und ihren Mitmenschen zu leben. Sie beteten zur Sonne und beherrschten einen Tanz, bei dem man eine lebende Schlange im Mund hält, aber von Gold wussten sie nichts. Um den Fremdlingen doch etwas zu bieten, berichteten sie Coronado von einem großen Strom, der zwanzig Tagesreisen von ihrem Dorf entfernt dem Sonnenuntergang entgegenzog. Das interessierte Coronado nun sehr, denn ein schiffbarer Fluss, der sich westwärts bis ins Meer von Cortez ergießt, wäre zur Erschließung dieser endlosen Weiten hervorragend geeignet und deshalb aus kolonisatorischer Sicht eine Menge gutes Gold wert gewesen.

Also schickte Coronado seinen Adjutanten García López de

Cárdenas mit fünfundzwanzig Soldaten los, sich den Strom von den Hopi zeigen zu lassen. Spät im September 1540 muss es gewesen sein und mutmaßlich nicht weit entfernt von der Stelle, an der heute die Touristen-Helikopter aus Las Vegas landen, dass Cárdenas als erster weißer Mann am Südrand des Grand Canyon stand, wo die Welt plötzlich abbrach und sich der Schlund der Hölle aufzutun schien. Die Entfernung zum gegenüberliegenden Rand der Schlucht schätzte Cárdenas korrekt auf drei bis vier Meilen. Aber vom Fluss, zu dem die Hopi ihn geführt hatten, war er enttäuscht.

»Das soll der mächtige Strom sein?«, fragte Cárdenas, nachdem er sich vom ersten Schreck erholt und tief unten einen haarfeinen Silberstreifen erspäht hatte. »Ein kleines Bächlein ist das, höchstens sechs Fuß breit. Da kann kein Schiff drauf fahren.«

»Der Fluss ist sehr wohl ziemlich breit, mindestens eine halbe Meile«, versicherten die Hopi. »Der sieht jetzt nur viel schmaler aus, weil er so tief unten liegt und wir so hoch oben stehen.«

»So tief kann eine Schlucht gar nicht sein, dass darin ein breiter Fluss wie ein schmales Bächlein aussieht«, sagte Cárdenas. Um aber seinem Vorgesetzten Coronado verlässlich berichten zu können, wies er drei Soldaten an, die Felsschründe des Grand Canyon hinunterzuklettern und sich den Fluss aus der Nähe anzuschauen.

Drei Tage lang suchten die Kundschafter am Rand der Schlucht nach einem Weg in die Tiefe, am frühen Morgen des vierten wagten sie endlich den Abstieg. Nachmittags um vier kehrten sie zurück.

»Wie tief seid ihr hinuntergeklettert?«, fragte Cárdenas.

»Etwa ein Drittel der Strecke«, sagten die Kundschafter.

»Und?«

»Die Indianer haben recht. Der Fluss ist mindestens eine halbe Meile breit.«

»Das glaube ich nicht.«

»Seht Ihr die Felsbrocken dort unten am Flussufer? Was schätzt Ihr, wie groß die sind?«

»Weiß nicht. Sagen wir mannshoch.«

»Falsch«, sagten die Kundschafter. »Die sind größer als der Goldene Turm von Sevilla. Der Fluss ist übrigens voller Stromschnellen, an Schifffahrt ist nicht zu denken.«

Nun wollte Cárdenas flussabwärts reiten und nachschauen, ob der schäumende Strom sich im Westen beruhige und dort besser zugänglich sei. Das konnte nun den Hopi nicht recht sein. Zwar war ihnen selbstverständlich bekannt, dass sich der Colorado River am Unterlauf tatsächlich beruhigt und im weiteren Verlauf breit und friedlich und problemlos schiffbar westwärts bis zum Golf von Kalifornien dahinzieht, und dass vom Grand Canyon zum Unterlauf ein bequemer Weg durch angenehm schattige Wälder führt. Diesen Weg aber wollten die Hopi den Spaniern nicht zeigen, weil er durch ihre Stammlande führte und sie ahnten, dass von den bleichgesichtigen Fremden mit den glänzenden Rüstungen und den furchterregenden Schusswaffen nichts Gutes zu erwarten war. Also warnten sie Cárdenas in eindringlichen Worten vor einem nutzlosen Ritt nach Westen, wo ihn in einer schrecklichen Wüste kein Gold, sondern Hunger und Durst und schließlich ein qualvoller Tod erwarten würden. An seiner Stelle würden sie eher nach Osten reiten.

Als Cárdenas zu General Coronado zurückkehrte und ihm Bericht erstattete, wusste der General sowieso schon, dass er nach Osten reiten wollte. Ein entlaufener Sklave, den Coronado wegen seines Äußeren »der Türke« nannte, hatte ihm von dessen Heimatstadt Quivira erzählt, in der es Gold und

Silber im Überfluss gebe und einen Fluss von vielen Meilen Breite, in dem die Fische groß wie Kühe würden, und die Leute von Quivira würden mit Zwanzigruderern auf dem Fluss ausfahren und ihre Kanus am Bug mit massivgoldenen Adlerstatuetten verzieren. Also zog Coronado mit seiner Streitmacht plündernd, mordend und vergewaltigend hinter dem Türken her nach New Mexico, ging ein volles Jahr verloren im unendlichen Grasland von Texas, Oklahoma und Kansas, wo Millionen von Büffeln grasten, aber nie Gold in nennenswerten Mengen gefunden wurde, und musste im Sommer 1541 am Ufer des Kansas River feststellen, dass Quivira ein elendes Nest aus Strohhütten war, dessen Bewohner nackt umherliefen und das Büffelfleisch roh aßen – der Türke hatte das Märchen von Gold und Silber erfunden, um sich von den Spaniern an allen feindlichen Stämmen vorbei sicher nach Hause geleiten zu lassen. Zur Strafe ließ Corona den Türken garottieren und ritt, von Sehnsucht nach seiner Frau getrieben, in den eigenen Spuren nach Mexico City zurück, wo er im Herbst 1542 mit nur noch hundert von einst dreihundert Soldaten eintraf, todmüde, todtraurig und über seine Leichtgläubigkeit zutiefst beschämt. Die Hopi hingegen, die sich mit einer kleinen Lüge weitere zweihundertfünfunddreißig Jahre Ruhe vor den spanischen Invasoren verschafft hatten, nahmen ihr friedliches Puebloleben wieder auf.

Flagstaff

Mein Rückweg vom Grand Canyon nach Olten führte ziemlich genau in die Richtung, die Coronado wohl eingeschlagen hätte, wenn er nicht auf die Lügen der Hopi und des Türken hereingefallen wäre. Die letzte Nacht verbrachte ich in Flagstaff, Arizona. Als ich am nächsten Morgen aus der Stadt herausfuhr, fand ich mich auf der vielbesungenen Route 66 wieder.

Ach, es war ein niederschmetterndes Erlebnis.

Ich sah Tausende von Motorradfahrern, die auf dieser Straße ihrem Traum von einem anderen Leben hinterherfuhren, immer mit konstant 80 Meilen pro Stunde, viele Stunden ohne Unterlass; und wenn sie mal aus dem Sattel stiegen, staksten sie steifbeinig zwischen verblichenen Cola-Dosen und plattgefahrenen Karnickeln auf dem Pannenstreifen umher, schlugen an einem Joshua Tree ihr Wasser ab und schauten ratlos hinaus in die Mojave-Wüste; und weil dort von ihrem Traum keine Spur zu sehen war, klappten sie ihre Seitenständer wieder ein und fuhren weiter ihren Träumen hinterher, den Blick starr auf jenen Punkt gerichtet, an dem die Straße sich hinter dem Horizont verliert.

Man sah es ihnen an den ängstlich hochgezogenen Schultern an, dass sie im richtigen Leben keine Easy Rider waren, sondern Fliesenleger, Architekten und Wirtschaftsprüfer aus Brunsbüttel, Friedrichshafen oder Herzogenbuchsee. Sie hat-

ten eine Menge Geld hingeblättert und ihren unterstützungs-
berechtigten Ex-Frauen Lügengeschichten aufgetischt, um
einmal im Leben hierherfliegen zu können und diese Harleys
gegen Hinterlegung einer Kaution zu mieten bei einem Aus-
statter, der ihnen auch gleich brandneue Fransenlederjacken,
Stiefel mit Stahlkappen und schwarze Schalenhelme verkaufte,
auf denen in weißer Runenschrift »Street Devils« oder so
stand.

Und jetzt fuhren sie Stunde um Stunde im Pulk auf dieser
Autobahn, an deren Tankstellen das Benzin doppelt und dreimal so teuer ist wie anderswo, weil nur hier die Touristen blöd
genug sind, eine Fahrt durch die Wüste mit halbleerem Tank
anzutreten, und ihre Hintern schmerzten und die Hände waren
taub von den Vibrationen der technisch veralteten Harley-
Motoren, und der Begleittruck des Reiseveranstalters führte
ihnen ihre Rollkoffer hinterher, damit sie am Abend im
Holiday Inn zum Abendessen ihre McGregor-Hemden und
ihre gebügelten Jeans anziehen konnten. Und ihre Zahnbürs-
ten hatten sie auch dabei und die Bluthochdrucktabletten
auch, und jeder trug eine Rado am Handgelenk und das neuste
iPhone in der Brusttasche seiner Fransenjacke. Manche hatten
es ausgeschaltet, aber mitgenommen hatten sie es aus Sicherheitsgründen doch, und sie achteten sorgfältig darauf, dass der
Akku stets voll war, und hinter ihren verspiegelten Ray-Ban-
Sonnenbrillen guckten sie alle zwanzig Sekunden auf den
Tacho und machten Rechenspiele mit dem Meilenstand, der
Durchschnittsgeschwindigkeit und der Zeit, die noch vergehen musste, bis sie am nächsten Etappenziel ihre Seitenständer würden ausklappen können.

Ich weiß nicht, ob diese Easy Rider wissen, dass die
Route 66 ein alter Kamelpfad ist. Nach dem Mexikanisch-
Amerikanischen Krieg von 1846–1848 waren den jungen

USA fünfhundertneunundzwanzigtausend Quadratmeilen staubtrockener Wüste in Arizona, New Mexico, Nevada, Colorado, Utah und Kalifornien zugefallen, die den meisten Amerikanern so fremd war wie die Ukraine oder die Mongolei.

Diese Terra incognita mussten die Pioniere durchqueren auf ihrem Weg zu den Verheißungen Kaliforniens, wo die Goldnuggets aus jeder Ackerfurche quollen und die Apfelbäume dreimal jährlich Früchte trugen. Die Schwierigkeit war nur, dass sie nach menschlichem Ermessen unpassierbar war, weil es keine Straßen und keine schiffbaren Flüsse, über viele Tage keine Wasserstellen und noch nicht mal erkennbare Saumpfade gab. Die Reitpferde verdursteten, die Maultiere brachen erschöpft zusammen, die Zugochsen knickten tot ein, die Menschen verirrten sich hoffnungslos und starben, nachdem sie die letzten Tiere geschlachtet hatten, ebenfalls. Und dann waren da auch noch die Indianer, die sich in dieser lebensfeindlichen Welt rätselhafterweise mit Leichtigkeit bewegten und gegen die bleichen Eindringlinge beharrlich zur Wehr setzten; dass sie Pfadfinderdienste für Washington verrichten würden, war von ihnen nicht zu erwarten.

Also erinnerten sich die Yankees daran, wer ihre europäischen Ahnen durch die Wüsten geführt hatte: die Nomaden Arabiens mit ihren Kamelen. Die US Army beschloss, sich den Weg nach Westen von arabischen Kamelen zeigen zu lassen.

Am 2. März 1855 bewilligte der Kongress der Vereinigten Staaten Amerikas einen Kredit von 30 000 Dollar »zwecks Einführung eines neuen Tiers im Herzen unseres Kontinents, wo es weder schiffbare Flüsse noch praktikable Straßen gibt«. Ziel der Operation war es, »die nomadisierenden Indianerstämme in Schach zu halten, die sich beständig gegen die

Zivilisation erheben, sowie Handelswege zu eröffnen und die Kommunikation zu erleichtern«.

Da die Kamele militärischem Kommando unterstehen sollten, wurde ein Transportschiff der Marine akquiriert und mit geräumigen Stallungen auf dem Oberdeck ausgestattet. Am Morgen des 3. Juni stach die *USS Supply* von New York mit Kurs auf Nordafrika in See, am 4. August ging sie im malerischen kleinen Hafen von Tunis vor Anker. Die zwei Kommandanten, Lieutenant David Dixon Porter und Major Henry C. Wayne, unternahmen einen ersten Landgang und taten im Vollbesitz ihrer amerikanischen Arglosigkeit den Viehhändlern des Hafenviertels kund, dass sie Amerikaner seien, viele tausend Dollar in der Tasche hätten und fest entschlossen seien, ein Kamel zu kaufen – vielleicht auch mehrere Kamele. Und dann kauften sie dem erstbesten Händler das erstbeste Kamel ab und bezahlten den erstbesten Preis, der ihnen genannt wurde.

Kaum an Bord der *USS Supply* zurückgekehrt aber mussten Porter und Wayne feststellen, dass das Tier die Kamelkrätze hatte – eine derart ansteckende, unangenehme und schwer heilbare Krankheit, dass die Araber sie ihren Feinden sprichwörtlich an den Hals wünschten. Da mussten die Amerikaner es als Hohn empfinden, dass ihnen tags darauf der Statthalter von Tunis zwei weitere Kamele überbringen ließ, die in kaum besserem Zustand waren. Um sich weitere Demütigungen zu ersparen, segelten Wayne und Porter weiter mit dem Vorsatz, ihre Geschäfte in der Türkei, in Persien oder Ägypten geschickter anzugehen.

Gesunde Kamele aber waren im ganzen Mittelmeerraum schwer zu finden, da die meisten als Lasttiere im Krimkrieg an der russisch-türkischen Grenze dienten. Lieutenant Porter und Major Wayne segelten nach Malta, Griechenland und in die Türkei, wo sie zwar keine Kamele kaufen, aber dafür einiges über den Kamelhandel lernen konnten. Sie erfuhren, dass zweihöckrige asiatische Kamele gut für den Lastentransport geeignet sind, die einhöckrigen arabischen Dromedare hingegen vorwiegend als Reittiere Verwendung finden; sie lernten gesunde Kamele von kranken zu unterscheiden und fanden heraus, dass manche Kamelhändler kranken Tieren die schlappen Höcker mit Wasserinjektionen aufbliesen, um sie gesünder aussehen zu lassen. Sie brachten in Erfahrung, dass eine gesunde Kamelkuh für 40 bis 50 Dollar zu haben war und ein guter Hengst für 75 bis 100 Dollar, und dass der Händler in Tunis sie bei ihrem ersten Kauf schamlos übers Ohr gehauen hatte. In Konstantinopel verkauften sie zwei ihrer drei siechen Kamele für 44 Dollar an einen Schlachter.

Auf den Kamelmärkten Ägyptens endlich fanden sie ein reiches Angebot an gesunden, preiswerten Tieren vor, denn Vizekönig Muhamad Ali Pascha hatte den Export von Kamelen per Dekret verbieten lassen. Nach langen Verhandlungen gelang es ihnen schließlich, in Alexandria und Smyrna dreiunddreißig Kamele und fünf osmanische Kameltreiber an Bord zu holen.

Am 15. Februar 1856 nahm die *USS Supply* Kurs auf Texas. Die zweimonatige Rückreise über den winterlichen Atlantik war stürmisch, die Kamele mussten kniend auf die Schiffsplanken gebunden werden. Dem Logbuch des Kapitäns ist zu entnehmen, dass die Tiere nicht eigentlich seekrank wurden, bei schweren Stürmen aber doch keinen rechten Appetit auf ihr Heu mehr hatten. Als das Schiff am 29. April 1856 im Hafen von Indianola, Texas, einlief, waren vierunddreißig Tiere an Bord – eines mehr als bei der Abreise.

Im Juni 1857 brach die Karawane von Albuquerque auf, um dem 35. Breitengrad entlang einen Weg westwärts durch die

Wüste zu finden. Sie bestand aus vierundvierzig Männern, zwölf Planwagen, fünfundzwanzig Kamelen sowie zahlreichen Pferden, Maultieren und Hunden.

In den ersten Tagen fielen die Kamele weit hinter die Pferde und Maultiere zurück, die Soldaten wurden ungeduldig. Als aber die Wasservorräte knapp wurden, bewiesen die Kamele ihre Überlegenheit und führten die Karawane mit sicherem Gespür über viele Meilen zum nächsten Wasserloch, von dessen Existenz kein Soldat und kein Pferd gewusst hatte – und schauten dann gleichgültig zu, wie Mensch und Tier sich gierig auf das Wasser stürzten.

Danach übernahmen die Kamele und ihre osmanischen Treiber unangefochten die Führung und geleiteten die Karawane zielsicher auf dem kürzesten, schnellsten und sichersten Weg zwischen Canyons, Kratern und Vulkanen, durch alle Wüsten und Steppen nach Kalifornien, vorbei an den Überresten indianischer Kulturen, die den Besuch der Conquistadores nicht überlebt hatten. »Es ist eine Quelle steten Erstaunens für uns«, schrieb Expeditionsleiter Beale in seinem Journal, »dass wir auf unserem Weg kaum eine Meile zurücklegen können, ohne auf eine Ruine, eine Grube oder eine Tonscherbe zu stoßen, die Zeugnis davon ablegen, wie dicht dieses Land einst bevölkert war von einer Rasse, von der nicht mal der Name erhalten geblieben ist.«

Ende August erreichten sie den großen Pueblo der Zuni-Indianer, dessen zweitausend Einwohner noch immer nach alter Väter Sitte lebten wie zu Zeiten Francisco Coronados, und am 17. Oktober schließlich, nach viermonatiger Reise über tausendzweihundert Meilen, gelangte die Kamelkarawane an den Colorado River und machte Rast an einer Stelle, die heute Beale's Crossing heißt und fünfzehn Meilen nördlich der kalifornischen Kleinstadt Needles liegt. Dabei wurden sie scharf beobachtet von den Mohave-Indianern, die schon einigen Kontakt mit vorbeiziehenden Goldgräbern gehabt hatten und ihrem Erstaunen beim Anblick der Kamele mit englischen Brocken Ausdruck verliehen. »God damn my soul Eyes!«, sollen sie laut Expeditionsleiter Beales ausgerufen haben. »How de do! How de do!«

Von jenem Sommer an folgten die Siedler mit ihren Planwagen auf dem großen Zug nach Kalifornien den Spuren jener fünfundzwanzig Kamele durch die Mojave-Wüste. Die gefährlichen Routen durchs Death Valley und über die schneebedeckten Pässe der Sierra Nevada nahm niemand mehr.

Die fünfundzwanzig Kamele blieben in Kalifornien. Die Armee verkaufte sie im November 1863 an Zoologische Gärten, Wanderzirkusse und Minengesellschaften. Jene Tiere, die in Texas zurückgeblieben waren, wurden in die Freiheit entlassen. Die osmanischen Kameltreiber kehrten heim nach Ägypten. Nur einer blieb in Amerika, heiratete und wurde Scout für die US Army. Er war gebürtiger Jordanier und hieß Hadji Ali; weil seine Kameraden sich den fremdländischen Namen nicht merken konnten, tauften sie ihn ähnlich klingend »Hi Jolly«. Als die Armee seine Dienste nicht mehr benötigte, kaufte er ein Maultier und zog in die Wüste Arizonas, um in den Plomosa Mountains und den Harqua Hala Ranges nach Kupfer, Gold und Silber zu graben. Er starb am 16. Dezember 1903 im Alter von fünfundsiebzig Jahren in Quartzsite, Arizona.

Einige Zeit nach Hi Jollys Tod erzählte ein alter Schürfer unter Schwüren und Eiden eine absonderliche Geschichte, die zweifellos den unverwechselbaren Klang der Wahrheit hat, wenn sie sich vielleicht auch nicht ganz so zugetragen hat. Demnach hatte er in der Wüste bei Quartzsite ein altes, rotes

Kamel gesehen und von dieser unglaublichen Begegnung im Saloon berichtet. Darauf wollte ein alter, dunkelhäutiger Mann von ihm wissen, an welcher Stelle er das Kamel gesehen habe, und verschwand wortlos aus dem Saloon, nachdem er die gewünschte Auskunft erhalten hatte. Ein paar Tage später wurde der alte Dunkelhäutige – der Legende nach niemand anderes als Hi Jolly – in der Wüste gefunden. Er war tot, seine Arme hatte er um den Hals des roten Kamels geschlungen. Das Kamel war ebenfalls tot.

Hi Jollys Grabmal steht ein paar hundert Fuß nördlich des US Highway 60 und hat die Form einer Pyramide, auf dessen Spitze ein Kamel thront. Im Innern der Gruft ist nebst Hi Jollys Gebeinen die Asche eines Kamels beigesetzt, das 1934 im Zoo von Los Angeles gestorben ist.

Als ab 1869 die Santa Fe Railroad von Los Angeles nach Kansas gebaut wurde, folgte die Trasse durch die Mojave-Wüste exakt den Fußspuren der Kamele und den Fahrrinnen der Planwagen, und als wiederum ein halbes Jahrhundert später die Autos erfunden waren und der US Highway 66 als erste durchgehende Straße zwischen West- und Ostküste gebaut wurde, orientierten sich deren Ingenieure an der Eisenbahn, somit auch an den Fahrrinnen der Planwagen und letztlich an den Wegmarken der osmanischen Pfadfinder.

Der letzte Nachkomme von Hadji Alis Kamelen soll Mitte der 1930er Jahre in British Columbia, Kanada, gesichtet worden sein. Manche Quellen behaupten hingegen, dies seien chinesische Kamele gewesen. Aber das ist eine andere Geschichte.

Ich und die Akropolis

Als ich kürzlich mit meiner vielköpfigen Familie – ich habe so viele Kinder, dass manche argwöhnen, ich sei in einer Sekte, und mein Schriftstellerfreund Martin Dean sagt, das ist wieder mal typisch Capus, andere Leute gründen einfach eine Familie, aber du, darunter machst du's nicht, musst gleich ein Volk gründen – als ich also kürzlich mit meiner vielköpfigen Familie ferienhalber in Athen war, bestiegen wir die Akropolis, und da geschah etwas Sonderbares: Es war keiner aus Olten da. Ein vieltausendfüßiger, schwitzender, brabbelnder, fotografierender Tatzelwurm aus aller Herren Länder zog sich den Berg hinauf und wieder hinunter, aber kein einziger Mensch aus Olten war zu sehen. Das kommt sonst eigentlich nie vor. Gewöhnlich ist immer schon einer aus Olten da, wenn ich irgendwo auf der Welt hinkomme, und der winkt mir dann aus einem Taxi, aus einer Grotte heraus oder von einem Baum herunter zu und fragt: »Was machst denn du hier?« Ausgerechnet auf der Akropolis aber war keiner. Sonderbare Sache, dachte ich und hielt inne. An den Oltner Schulen sind zurzeit doch Herbstferien, mithin haben Oltner Schullehrer, Bildungs-, Bundes- und Bahnbeamte Hauptreisezeit, da haben sie sich zu verteilen über den Globus, ob sie nun Lust haben auf die Reiserei oder nicht, das ist einfach Pflicht – und ausgerechnet auf der Akropolis sollte sich keiner aufhalten an diesem goldenen Dienstag im Oktober, da ich mit meiner Familie den Aufstieg unternahm?

Das ist unmöglich, dachte ich und betrachtete misstrauisch die Säulen des Parthenon, das kann nicht sein. Mindestens einer aus Olten muss sich hier rumtreiben, das ist nach den Gesetzen von Wahrscheinlichkeit und Statistik so gut wie sicher, vermutlich eher zwei oder drei. Aber wieso sehe ich keinen? Links und rechts zogen Japaner, Finnen und Mexikaner vorbei, gewiss auch ein paar Sachsen, Serben, Schwaben, Aargauer und Sanmarineser – aber kein einziges Gesicht, das mir aus Olten vertraut gewesen wäre. Das kann nicht sein, dachte ich nochmal, und dann befiel mich ein Verdacht: Die Kerle verstecken sich vor mir. Die waren schneller und haben mich erspäht und sind hinter dem nächsten Steinhaufen in Deckung gegangen. Au weh, der Capus, haben sich die gesagt, nichts wie weg, der hängt uns zu Hause in Olten schon zum Hals raus! Dafür sind wir jetzt aber nicht tausendsechshundert Kilometer geflogen, um dem seine Visage schon wieder anschauen zu müssen! Wie kann das sein, dachte ich bei mir, weshalb schneiden die mich? Wieso freuen die sich nicht, mich zu sehen? Ich freue mich doch, wenn ich die sehe. Andrerseits muss ich deren Konterfei auch nicht so oft in der Zeitung anschauen wie die meines, schon klar. Verstimmt, ein bisschen traurig und sogar ein wenig selbstkritisch betrachtete ich die Steinhaufen um mich her. Kommt bitte raus, wollte ich ihnen zurufen, das ist doch kindisch. Lasst uns alles hinter uns lassen, was in Olten war. Lasst uns in die nächste Taverne gehen, ich schmeiße eine Runde Ouzo.

So stand ich also da, den kleinsten meiner zahlreichen Söhne auf den Schultern, und hielt stumme Zwiesprache mit den Steinhaufen. Nach einigen Minuten war auch der Rest meiner viel- und rotköpfigen Familie zuoberst angelangt. Ich verteilte Wasserfläschchen und aufmunternde Worte sowie Lehrreiches über Perikles und Sophokles – und da fiel es mir wie Schuppen von den Augen: Da stand sie ja vor mir in Gestalt meiner Familie, die Vertretung der Oltner Bevölkerung! Ein gutes halbes Dutzend waren wir insgesamt, Olten war also statistisch schon überrepräsentiert. Hinter den Steinhaufen konnte gar keiner mehr stecken, das war nach den Gesetzen der Wahrscheinlichkeit so gut wie ausgeschlossen.

So ist das also, dachte ich. Das Leben verändert sich, wenn man ein Volk gründet. Zum Beispiel trifft man auf der ganzen Welt keinen aus Olten mehr.

Tintenfisch an Rotweinsauce

Seit je ist es schöner Brauch, dass man Grüße aus den Ferien in die Heimat sendet – seit es aber E-Mail gibt, werden die Grüße auch in umgekehrter Richtung verschickt. »Ach, wenn doch nur dieser Volltrottel und Sozifreund Capus auf der Akropolis bleiben würde!«, schreibt mir ein anonymer Leser der Zeitung, für die ich schreibe, aus der herbstlich trüben Heimat in den freundlichen Süden, wo ich die letzten warmen Ferientage verbringe. »Dann wären wir ihn in Olten los!«

Über diese Nachricht habe ich mich herzlich gefreut, denn es ist das erste Mal, dass mir einer dieser namenlosen Wüteriche etwas Nettes wünscht. Früher haben die anonymen Schreiber mir gern Moskau einfach angeboten, später auch eine Reise auf den Mond oder zur Hölle oder ins Pfefferland – jetzt also Griechenland. Da muss ich sagen: Wieso nicht? Na, die Akropolis würde ich mir als ständigen Wohnsitz jetzt nicht grad aussuchen, die wäre mir zu windig, zu sonnenbeschienen, zu steinig, tagsüber zu bevölkert und nachts zu einsam. Aber ich weiß jetzt, dass es in Griechenland ein paar sehr nette Plätzchen gibt, wo es beinahe so schön ist wie in Olten.

Zur Zeit, da ich dies schreibe, sitze ich an einem Ort namens Kato Zakros in einem Korbsessel und schaue aufs Meer hinaus, wo grad silbern der Mond aufgeht, verdaue einen ganz wunderbar gewesenen Tintenfisch an Rotweinsauce und genieße einen herrlichen kretischen Bio-Rotwein. Die Kinder schlafen und haben sich von ihren Decken freigestrampelt, weil der Wind afrikanisch heiße Luft übers Libysche Meer weht. Meine Frau Nadja wartet, bis ich das hier fertig geschrieben habe, dann machen wir zusammen einen Spaziergang durch den Olivenhain hinter dem Strand.

Und das Ende Oktober. Schon ganz nett. Für Olten meldet *Meteo online* sieben Grad Celsius und Hochnebel und für übermorgen Schnee bis in die Niederungen. Wenn mein anonymer Widerling die Macht hätte, mich hierher ins Exil zu schicken, würde ich vielleicht fürs Erste gar nicht so furchtbar leiden. Andrerseits gibt es, da bin ich sicher, in Kato Zakros pro Kopf der Bevölkerung genauso viele anonyme Widerlinge wie in Olten. Die würden mich schon kennenlernen. Und dann würden sie mich heim nach Olten schicken wollen.

Da wäre ich aber blöd dran, so zwischen Stuhl und Bank. Also komme ich lieber gleich freiwillig heim, auch wenn das meinem Oltner Widerling nicht passt. In drei Tagen geht mein Flug.

Kamele und Kokosnüsse

Ich erinnere mich ans Jahr 1984, als ich mit meinem Freund Guido die Sahara durchquerte und in Tamanrasset einem blau verhüllten Tuareg hoch zu Kamel begegnete. Er deutete mit seinem Krummsäbel auf die Kontrollschilder unserer Motorräder und sagte:

»Du Schweiz – du Solothurn.«

Guido und ich nickten und starrten sehr beeindruckt auf die Säbelspitze.

»Du wo Solothurn?«

Darauf ich, schulterzuckend: »Na, Olten.«

Darauf der Tuareg: »Ah, Olten, ich kenne gut! Ich drei Jahre Baustelle, ich kenne Olten-Hammer, Dancing Tropicana, Coop City …«

Dann hob er grüßend den Säbel und gab seinem Kamel die Sporen.

Man müsste wohl ans andere Ende der Welt fahren, um einen Ort zu finden, an dem man mit einiger Wahrscheinlichkeit keinem begegnet, der einem beim Abendspaziergang zuruft: »Was machst du denn hier?«

Der von Olten aus gesehen entfernteste und schwerstzugängliche Ort ist nach meiner Erfahrung das Königreich Tonga, eine Inselgruppe im Pazifischen Ozean, ungefähr auf halbem Weg zwischen Hawaii und Neuseeland. Dank Internet und Facebook weiß ich jetzt aber, dass dort seit Jahren meine Oltner Jugendkameradin Monika Strübin lebt. Ich glaube, sie hat gelegentlich ein bisschen Heimweh. Jedenfalls weiß sie Bescheid übers Oltner Wetter und wäre gern am Schulfest dabei gewesen. Andrerseits beliefert sie uns mit verstörenden Nachrichten von ihrer Vulkaninsel. »Hübsches Erdbeben gestern Abend!«, schreibt sie zum Beispiel, und wenig später:

»Meine Nachbarn streiten wieder und bewerfen einander mit Kokosnüssen.«

*

Auf den Tonga-Inseln gibt es mehr Schweine als Menschen, das ist eine statistisch erhärtete Tatsache. Überall laufen die Schweine frei umher und richten in den Gärten und Plantagen der Nachbarn mit ihren Rüsseln große Schäden an. Das ist zwar ärgerlich für alle, aber keiner der Nachbarn tut etwas dagegen. Schließlich hat jeder selber Schweine, die im Garten des Nachbarn Schaden anrichten.

Kürzlich aber wurde es einem Freund meiner Freundin Monika zu viel. Nachdem Nachbars Schweine zum wiederholten Mal sein schönes Touristenresort umgegraben hatten, packte er ein Schwein am Ringelschwänzchen und ersäufte es kurzerhand im Meer.

Das wiederum konnte sich der Schweinebesitzer nicht gefallen lassen. Er zerrte den Schweineersäufer vor Gericht und forderte Schadenersatz. Der Richter stand nun vor einer verzwickten Faktenlage, da sowohl der Kläger wie der Angeklagte im Unrecht waren. Einerseits sind Schweinebesitzer laut tonganischem Recht verpflichtet, ihre Nutztiere in geeigneten Gehegen zu halten; das gibt aber andrerseits den Liebhabern von Gärten und Plantagen nicht das Recht, missliebige Schweine eigenmächtig vom Leben zum Tode zu befördern.

Also fällte der Richter ein salomonisches Urteil. Nach sorgfältigem Abwägen aller Fakten kam er zum Schluss, dass beide Menschen unschuldig seien, weil das Schwein in beiden Fällen aus eigenem Antrieb gehandelt habe. Erst hatte es sich unerlaubt auf Nachbars Grundstück begeben, dann war es, des Lebens plötzlich überdrüssig, in den Ozean hinausgelaufen, um sich zu ersäufen.

Mit diesem lebensklugen Urteil war allen gedient, außer natürlich dem Schwein selber, das posthum die Schuld aller Menschen auf sich nehmen musste. Und die anderen Schweine der Gegend haben, wie man hört, gleich in der Nacht nach dem Gerichtsurteil das schöne Touristenresort des Schweinemörders ein weiteres Mal kräftig umgegraben.

*

Die Schweine auf Tonga sind in ihrer überwältigenden Mehrheit – manche behaupten: zu hundert Prozent – direkte Nachfahren jenes einen englischen Schweinepärchens, das Kapitän Cook bei seiner ersten Weltumsegelung mit der *Endeavour* 1769 zurückgelassen hat. Kleine, sportliche Schweine aus dem 18. Jahrhundert sind das, die ein feines, fettarmes Kotelett hergeben.

In diesem Zusammenhang berichtet der für seine Seriosität bekannte *Christian Science Monitor*, dass auf der Hauptinsel Tongatapu einige Schweine sich auf die Fischerei verlegt haben – vielleicht, weil das Wühlen in Nachbars Garten zu gefährlich wurde. Die Schweine suchen bei Ebbe den Strand auf und schlagen sich die Bäuche mit gestrandeten Fischen, Muscheln, Krebsen und anderem Meeresgetier voll. Dabei wagen sie sich recht weit ins Wasser hinaus; Schweine sind bekanntlich gute Schwimmer, sofern sie vom Menschen nicht allzu sehr gemästet werden, was auf Tonga nicht der Fall ist. Unsere Oltner Schweine hingegen – wenn ich richtig orientiert bin, gibt es auf Stadtgebiet nur noch im Ruttigerhof welche – können nicht schwimmen, weil sie zu dick sind. Wenn die in der Aare fischen würden, wäre die Gefahr groß, dass sie mit himmelwärts gestreckten Hufen im Stauwehr Winznau endeten. Den Oltner Schweinen ist das nasse Element wohl auch deshalb fremd, weil ihre Vorfahren mit an Sicherheit grenzender Wahrscheinlichkeit nicht die Welt umsegelt haben und auch nicht von Kapitän Cook in Olten angeliefert wurden.

Was ich noch sagen wollte, ist dies: Wenn der König von Tonga betrunken ist, fährt er mit seinem English Taxi, das er für sich privat importiert hat, gern über's Trottoir und erschreckt seine Untertanen, das habe ich mit eigenen Augen gesehen. Da haben wir es in Olten doch gut, unserer Obrigkeit würde sowas nicht einfallen; das könnte man sich hier gar nicht vorstellen.

*

Ausgerechnet an jenem Donnerstag, an dem ich im *Stadtanzeiger* von den schwimmenden Schweinen auf Tonga berichtete, vermeldete die Online-Ausgabe des britischen *Guardian* aus China die Geburt eines Schweines, dem beide Hinterschinken fehlten. Es wurde von den Dorfbewohnern auf den Namen »Zhu Jianqiang« (willensstarkes Schwein) getauft, weil es binnen eines Monats den aufrechten Gang auf seinen zwei Vorderbeinen erlernte. Ein Zirkus soll viel Geld für das Tier geboten haben, aber der Bauer will es um keinen Preis hergeben.

Zeitgleich ging elektronisch die Nachricht um die Welt, dass eine gewisse Miss Gregory aus Swindon (England) das Fell ihrer Katze lila färbte, um es ihrem eigenen, lila gefärbten Kopfhaar anzupassen. Die Katze wurde vorsorglich in ein Tierheim gegeben, aber der Richter entschied, dass keine Tierquälerei vorliege. Die Polizei hatte das Tier mehrmals vergeblich shamponieren lassen, die Farbe wollte nicht ausbleichen.

Gleichentags wollte in Oxfordshire ein Familienvater seinen Kindern Pausenbrote streichen, als er im Toastbrot eine vertrocknete, mausetote Spitzmaus fand. Und in einem Wald in Westbengalen, Indien, fuhr ein Güterzug mit übersetzter Geschwindigkeit sieben Elefanten tot, während zur gleichen Stunde ein Teenager in Middleton Beach bei Albany, Westaustralien, dabei erwischt wurde, wie er einen Ausritt auf einem ausgewachsenen Glattwal unternahm. Die indische Eisenbahngesellschaft geht voraussichtlich straffrei aus, weil nur Elefanten und keine heiligen Kühe überfahren wurden. Dem australischen Burschen hingegen droht eine Buße von 10 000 Pfund wegen Belästigung von Wildtieren, was in Australien ein Offizialdelikt ist. Ein Polizeisprecher ermahnte allfällige Nachahmungstäter, dass Glattwale zwar friedfertige Tiere seien, bei plötzlich auftretenden Stimmungsschwankungen aber einen Menschen ohne weiteres töten können.

Das alles geschieht an einem einzigen Tag auf der Welt, und wahrscheinlich ist das noch nicht mal alles. Und von der Nacht haben wir jetzt noch gar nicht gesprochen.

Wie man endlich mal was anderes schreibt

Weil ich mit meinem Leben ganz zufrieden bin, nehme ich mir zu Silvester immer vor, im neuen Jahr alles genau gleich zu machen wie im vergangenen. Leider klappt das nie. Immer wird alles anders. Die Frau und die Kinder wollen plötzlich Snowboard fahren, indonesisch kochen lernen und die Sommerferien in Finnland verbringen; die Freunde wollen mit mir segeln, über Facebook sprechen und Zigarren rauchen. Dem Frieden zuliebe füge ich mich und mache mit, solange ich nicht auch noch Golf spielen muss. Dabei war letztes Jahr so schön.

So weit das Privatleben. Als Schriftsteller habe ich's anders – da möchte ich jedes Jahr etwas Neues machen, schreibe dann aber leider doch die immer gleichen Geschichten von Liebe, Tod und Dampfschiffen. Oder Altstadtkatzen. Oder Seeräubern. Dieses Jahr nun will ich aber wirklich etwas Neues schreiben – vielleicht sogar etwas Nützliches. Einen Ratgeber also? Da gibt es schon eine beeindruckende Menge. Man müsste eine Marktlücke finden. Ich habe mich umgesehen, hier eine kleine Übersicht – alle Werke kann jede Buchhandlung (auf Englisch) besorgen.

Thematisch und stilistisch begeistert hat mich *Was tun, wenn der Russe kommt – ein Überlebenshandbuch* von Robert Conquest, ebenso *Wie man einen Roboteraufstand überlebt* von Daniel H. Wilson. Erwähnenswert auch Ann Druffels *Wie man sich gegen eine Entführung durch Außerirdische schützt*.

Allerdings liegen mir persönlich die alltäglichen Sorgen kleiner Leute eher am Herzen – etwa *Natürliche Brustvergrößerung mittels Autosuggestion* von Donald L. Wilson; oder *Besser bowlen dank Selbsthypnose* von J. Arthur Heise oder *Was fehlt meiner Schlange?*, ein medizinischer Ratgeber von John und Roxanne Rossi.

Weil unsere Lebenszeit beschränkt ist, muss sich jeder Autor irgendwann entscheiden, ob er nicht doch noch eine jener großen Fragen angehen möchte, welche die Menschheit seit je bewegen; wie Dana Miller in *Wie grün waren die Nazis?*, Richard Wurmbrand in *War Karl Marx Satanist?*, G. J. Reniers in *Sind Engländer auch Menschen?* oder Angela Roystons in *Warum kotze ich?*

Besonders verdienstvoll, aber arbeitsintensiv wäre es, ein enzyklopädisches Werk von bleibender Bedeutung zu schaffen nach dem Vorbild von Harold J. Morowitz' *Thermodynamik der Pizza* oder P. M. H. Atwaters *Das große Buch der Nahtoderlebnisse*. Originell fand ich *Im Fluss – eine Kulturgeschichte der Menstruation* von Elissa Stein sowie *40 Arten, Hygieneartikel für die Frau auf männliche Weise zu verwenden* von B. Koz.

Wer sein Leben fad findet, sollte die *Kulturgeschichte der Orgien* von Burgo Partridge lesen; wer hingegen nicht in Frieden mit seinen Nachbarn lebt, lasse besser die Finger von John Ellis' *Sozialgeschichte des Maschinengewehrs*.

Zahlreich sind die Werke, die zwar keinen direkten Nutzen, aber horizonterweiternde Wirkung haben. So etwa *Furze stolz – Schriften von Benjamin Franklin, die an den Schulen nicht gelehrt werden*, oder *Origami mit Toilettenpapier* von Linda Wright sowie *Die Kunst des Einbalsamierens* von Carl Lewis Barnes und *Yoga für Hunde* von Jennifer Brilliant. Nicht zu vergessen auch das weite Feld der Liebesratgeber: In *Ist mein Hund schwul?* geht Charles Kreloff einer drängenden Menschheitsfrage mit dem nötigen Fingerspitzengefühl auf den Grund; verdienstvoll ist auch *Das große Buch lesbischer Pferdegeschichten* von Alisa Surkis, ebenso *Alte Traktoren und die Männer, welche diese lieben* von Roger Welsch. Ein großes Tabuthema ist last, but not least der Tod. Gegen dessen Totgeschwiegenwerden kämpft Gary Leon Hills in *Über Leute, die nicht wissen, dass sie tot sind,* ebenso Leroy Thompson in *Tote Kunden zahlen nicht: Ein Handbuch für Bodyguards.* Wer schließlich die Metaphysik zum Beruf machen will, lese Pierce Marchant: *Wie man Papst wird – Was man tun muss, wenn man erst mal im Vatikan ist.*

Meine große Frage aber – »Wie man endlich mal was anderes schreibt« – ist unbeantwortet geblieben. Ich glaube, ich schreibe einen Ratgeber zu dem Thema.

Ein Paar Socken für den Papst

Zu Weihnachten bekomme ich von meiner Mutter seit über
dreißig Jahren ein Paar handgestrickte Socken geschenkt. Da
habe ich etwas mit dem Papst gemeinsam. Dem strickt jedes
Jahr zu Weihnachten, das weiß ich aus zweiter Hand, eine
Dame aus Wangen bei Olten, die gleich hinter dem Restaurant Bahnhof lebt, jedoch meines Wissens in keinem ver-
wandtschaftlichen Verhältnis zum Kirchenvater steht, ein Paar
weiße Leinensocken. Immer im Advent macht sie sich mit
Hingabe und Liebe ans Stricken – wobei ich gern wüsste, woher sie die Schuhgröße des Papstes kennt – und schickt ihr
Präsent nach Rom, und dann erhält sie jeweils schon früh im
Januar ein offizielles Schreiben des Vatikans, in dem der Papst
seinen artigen Dank ausrichten lässt.

Da hören die Gemeinsamkeiten zwischen mir und dem
Papst aber schon wieder auf. Denn während ich aus Gründen
der Biologie nur eine Mutter habe, sind dem Bischof von
Rom 1,2 Milliarden Gläubige zugetan, was darauf schließen
lässt, dass er zu Weihnachten ziemlich viele Socken bekommt.
Die kann der gar nie alle anziehen. Wenn im Fünftausendsee-
lendorf Wangen sechzig Prozent der Bevölkerung katholisch
sind und aus deren Kreis jährlich ein Paar Socken für den
Papst nach Rom geht, müssten das aus der weltweiten Glau-
bensgemeinschaft – rechne! – vierhunderttausend Paar Socken
sein. Selbst unter der Annahme, dass zehn Prozent davon

deutlich zu groß oder zu klein sind, ergibt das rund tausend Paar Socken für jeden Tag des Jahres. Wenn der Papst die alle anziehen möchte, müsste er rund um die Uhr alle anderthalb Minuten die Socken wechseln.

Da gerät unsereiner ins Grübeln. Diese Flasche Absinth, die mir mein Erstgeborener geschenkt hat – was bedeutet die für den Schnapskonsum des Papstes? Zwar hat der aus Gründen der Theologie keine Söhne, andrerseits ist er Bayer. Oder die ganzen Bücher, wann soll er die lesen? Und die Jogging-schuhe, wann soll er die durchtreten? Und die Millionen Stichsägen, wie passen die in seinen Hobbykeller?

Das sind schwindelerregende Zahlen, diese Lasten sollte man besser verteilen. Ich meine deshalb: Es müsste mehr Päpste geben.

Schwein gehabt

»Ein bisschen viele Ausländer hat's jetzt schon in Olten«, sagte kürzlich mein Nachbar Urs. »Vor allem Deutsche.«

»Was stört dich denn an denen?«, fragte ich.

»Eigentlich nichts«, sagte Urs. »Nur dass es so viele sind.«

»Möchtest du, dass die alle wieder nach Hause gehen?«

»Eigentlich nicht«, sagte Urs. »Aber trotzdem.«

»Glaubst du«, fragte ich, »dass es früher besser war?«

»Wann?«

»Als die Ausländer noch nicht hier waren.«

»Eigentlich schon«, sagte Urs.

»Dann schau her, ich habe hier das *Oltner Wochenblatt* von 1898.«

»1898 waren die Ausländer schon da«, sagte Urs.

»Ja, aber hier beschreibt ein alter Mann seine Kindheit in Olten um 1810. Als es noch keine Eisenbahn gab und die Oltner Familien noch unter sich waren.«

»Zeig her.«

»Hier, lies: – ›Bei dem früheren engen Kreise von wenigen Geschlechtern, worin nach den herkömmlichen Begriffen eine Heirath thunlich, mussten sich Geistes- u. Gemüthskrankheiten in bedenklichster Weise durch viele Generationen vererben und fortpflanzen. Von daher rühren grossentheils die eigentümlichen Charaktere, wodurch sich unser Ort früher – und zum Theil jetzt noch – auszeichnet.‹«

»Warum zeigst du ausgerechnet mir das?«, fragte Urs.

»Lies weiter«, sagte ich. »Da steht, dass hinter fast jeder Haustür ein beklagenswertes Geschöpf schwachen Geistes oder gestörten Gemüts lebte. Und dass nur wenige Familien frei gewesen seien von solcherlei unseliger Erbschaft.«

»Geht mich nichts an«, sagte Urs. »Meine Großmutter war Elsässerin.«

»Meine Frau ist Italienerin«, sagte ich.

»Schwein gehabt.«

»Und wie.«

Der Tiger ist tot

Der berühmteste Altstadtkater ist natürlich nicht der König von Olten, sondern der Wirt der *Waadtländerhalle*, den ganz Olten als den »Tiger« kennt. Nun ist er gestorben, an einem Montagabend im Spital, und ich kann ihn nicht mehr fragen, was ich schon immer von ihm wissen wollte. Ich getraute mich nie, weil er so grimmig in die Welt guckte. Jetzt ist es zu spät.

»Weißt du eigentlich, woher die *Waadtländerhalle* ihren Namen hat?«, fragte mich kürzlich mein Freund Jörg, als ich ihn in dessen Atelier besuchte. Auf der Staffelei stand ein überlebensgroßes Porträt des Tigers.

»Keine Ahnung«, sagte ich.

»Das kommt daher, dass der Tiger sich als junger Bursche in eine schöne Waadtländerin verliebte, diese heiratete und mit nach Olten nahm. Damit die Braut in Olten rascher heimisch wurde, hat er sein Restaurant auf den Namen *Waadtländerhalle* getauft. Wobei das Lokal in seinen Ausmaßen ja eher eine Kammer als eine Halle ist.«

»Interessant«, sagte ich.

»Genützt hat es aber nichts«, sagte Jörg. »Die Schöne bekam trotzdem Heimweh und hat den Oltner Nebel nicht ertragen. Eines Tages ist sie zurückgekehrt an den sonnigen Genfer See.«

»Aha«, sagte ich.

»Da kannst du mal sehen«, sagte Jörg. »Harte Schale, weicher Kern.«

Ich ging auf direktem Weg ins *Stadtbad*, wo die Wirtin allein über ihrem Kreuzworträtsel brütete.

»Weißt du, woher die *Waadtländerhalle* ihren Namen hat?«, fragte ich sie und berichtete von der schönen Waadtländerin.

»So ein Quatsch«, sagte Esther. »Die *Waadtländerhalle* hieß schon so, als der Tiger noch in die Hosen machte. Und seine Frau war keine Waadtländerin, sondern aus Aarau.«

»Aha«, sagte ich.

»Jawohl«, sagte Esther. »Aber weißt du, wieso der Tiger Tiger heißt?«

»Nein.«

»Das kommt eben von seiner Frau, der Aarauerin. Die war ein wirklich heißer Ofen, wie man so sagt. Wenn die Männer an der Fasnacht etwas erleben wollten, gingen sie in die *Waadtländerhalle*. ›Komm, wir gehen zum Tiger‹, sagte man dann.«

»Dann war also nicht der Tiger der Tiger, sondern seine Frau?«

»Richtig«, sagte Esther.

»So ein Quatsch«, sagte da Esthers Bruder Peter, der unterdessen aus seinem Landhockeybedarfsladen im Untergeschoss hochgestiegen war. »Wollt ihr wissen, wieso der Tiger wirklich Tiger heißt? Weil er Wasserball spielte und in den Sechzigerjahren Badehosen mit Tigermuster trug.«

»Aha«, sagte ich.

»Jawohl«, sagte Peter. »Und nach ihm wollte keiner mehr ins Bassin steigen, weil das Badewasser nach Pommes frites roch.«

»Das glaube ich jetzt nicht«, sagte ich.

»Frag ihn doch selbst«, sagte Peter.

»Das tu ich«, sagte ich.

Ich hab's nicht getan. Jetzt ist es zu spät.

Burka und Birkenstock

»He, Alex«, rief kürzlich mein Nachbar Urs über die Straße. »Du bist doch jetzt Präsident der SP Olten.«

»Jawohl«, sagte ich. »Die hatten sonst keinen. Und irgendwann im Leben muss man doch mal was tun.«

»Aha. Wie du meinst. Und seid ihr jetzt da komplett verrückt geworden bei der SP?«

»Wieso?«, sagte ich.

»Weil ein paar von euren Kantonsräten ein Burkaverbot verlangen. Wie viele Burkas hast du in Olten schon gesehen?«

»Keine«, gab ich zu. »Aber der eine Kantonsrat ist auf seine alten Tage katholisch geworden, und der andere wohnt in Obergösgen. Da muss man Verständnis haben.«

»Aber diese Begründung«, rief mein anderer Nachbar aus dem Fenster, der ebenfalls Urs heißt. »Die machen sich Sorgen um die Gesundheit der Burkaträgerinnen. Weil die ihre ganze Haut vor der Sonne verbergen, kann ihr Körper kein Vitamin D produzieren.«

»Na ja«, sagte ich. »Gesundheit ist wichtig.«

»Man müsste empirisches Datenmaterial aus der medizinischen Forschung einholen«, sagte Urs. »Dann ließe sich auf wissenschaftlicher Grundlage gesetzlich festlegen, wie viel Haut und Bein und Busen Musliminnen der Sonne aussetzen müssen, damit ihr Vitaminhaushalt im Lot bleibt.«

»Und zwar wie viele Stunden täglich«, sagte der andere Urs.

»Das würde ja sonst nichts nützen im Hinblick auf die Vitamin-D-Produktion, wenn die Musliminnen ihre Beine nur dreißig Sekunden am Tag herzeigen würden.«

»Die gesetzliche Vorschrift allein wird aber nicht reichen«, sagte der dritte Urs. »Es braucht auch eine Strafandrohung für den Fall, dass die Musliminnen nicht zur Vernunft kommen.«

»Ich weiß nicht«, sagte ich.

»Was ist mit den Mönchen im Kapuzinerkloster?«, fragte Urs. »Sind die eigentlich überlebensfähig mit ihren Kutten?«

»Die sehen jedenfalls ziemlich alt aus«, sagte der andere Urs.

»Die haben Glatzen«, sagte ich. »Wenn sie die schön der Sonne aussetzen, reicht das vielleicht für die Vitamin-D-Produktion.«

»Und barfuß sind sie auch in ihren Birkenstöcken, das hilft ebenfalls.«

»Andrerseits gibt es Hautkrebs, wenn man zu viel Haut zeigt«, wandte Urs ein. »Wegen der UV-Strahlung, die Zahl der Fälle steigt dramatisch.«

»Auch das noch«, sagte Urs. »Krebs ist nicht gut. Man sollte den Leuten verbieten, sich unvernünftig lang dem Sonnenlicht auszusetzen.«

»Andrerseits fehlt dann das Vitamin D.«

»Hautkrebs oder Vitaminmangel, das ist hier die Frage.«

»Oder beides, wenn man den falschen Grad an Nacktheit wählt.«

»Ich frage mal bei uns in der SP nach«, sagte ich. »Da weiß bestimmt einer eine Lösung.«

Die Asche meines Vaters

Ein alter Freund von mir ist seit kurzem geschieden. Letzten Freitag um halb sechs Uhr fuhr er mit seinem Subaru an meinem Haus vorbei. Auf dem Beifahrersitz, auf dem bis vor kurzem noch seine Frau gesessen hatte, stand ein Zwanzigliter-Bierfass, es war ordentlich angegurtet wie ein Mensch. Ich nehme an, dass er unterwegs zu einem Grillabend unter Freunden war. Trotzdem sah das seltsam aus. Es erinnerte mich daran, dass ich einst die Asche meines Vaters ans Meer gefahren und die Urne auf dem Rücksitz festgeschnallt hatte.

»Hast du das gesehen?«, fragte ich meinen Nachbarn Urs, der zufällig daneben stand.

»Sicher ist sicher«, sagte er. »Wahrscheinlich Vorschrift.«

»Gurtentragpflicht für Bierfässer?«

»Vielleicht sogar Kindersitz. Laut Straßenverkehrsgesetz muss seit 1. Mai jeder in den Kindersitz, der jünger ist als zwölf Jahre, leichter als 35 Kilogramm und kleiner als Einsfünfzig.«

»So ein Zwanzigliterfass ist höchstens 25 Kilogramm schwer. Und maximal 60 Zentimeter hoch.«

»Eben.«

»Und bestimmt noch keine zwölf Jahre alt.«

»Das will ich hoffen.«

Ich dachte daran, dass auch die Asche meines Vaters federleicht und ein winziges Häuflein, wenn auch deutlich älter als zwölf Jahre war. Wir hatten die Urne mit einer Motorjacht bei Carnac aufs Meer hinausgefahren, wie er sich das gewünscht hatte, und natürlich war die Urne verschraubt gewesen und niemand hatte einen Schraubenzieher dabei gehabt. Da ich als Einziger ein Taschenmesser auf mir trug, oblag mir schließlich die Aufgabe, die Urne zu öffnen und die Asche ins Wasser zu streuen. Zuvor steckte ich mir den rechten Zeigefinger in den Mund und hielt ihn in die Höhe, um die vorherrschende Windrichtung zu evaluieren. Beim Verstreuen der Asche machte ich dann die unangenehme Erfahrung, dass an Bootswänden kleine Turbulenzen auftreten können, die sich nicht an die vorherrschende Windrichtung halten, sondern unvermittelt der Bootswand entlang nach oben wehen.

»Dann kommt da noch der Airbag dazu«, sagte mein Nachbar Urs.

»Jetzt hör aber auf«, sagte ich.

»Kleinkinder unter zwei Jahren dürfen nicht auf den Vordersitz. Wegen des Airbags.«

»So ein Fass ist doch kein Kleinkind«, sagte ich.

»Vorschrift ist Vorschrift«, sagte Urs.

»Da kann einem ja das Autofahren verleiden«, sagte ich. »Zum Glück habe ich kein Auto mehr.«

»Und ich keine Kinder«, sagte Urs.

Ernies Gitarrenkoffer

Wie es sich für eine Kleinstadt gehört, hat Olten einen städtisch beglaubigten Straßensänger, er heißt Ernie. Er singt am Adventsmarkt und zum 1. August, an der Chilbi und am Schulfest. Und er singt jeden Samstag beim Einkaufszentrum Sälipark. Meist steht er beim Unterstand für die Einkaufswagen, wo ihm die Menschen nach dem Einkaufen ihren Depot-Einfränkler in den Gitarrenkasten werfen.

Weil ich vor dem Einkaufen oft keinen Einfränkler bei mir habe, wechsle ich gelegentlich einen aus seinem Gitarrenkoffer. Als ich kürzlich einen Geldschein in den Koffer legte, pickte er ihn sofort heraus und verstaute ihn in der Tasche.

»Der wäre in zwei Minuten weg«, sagt er.

Die Sache ist die, dass ich nicht der Einzige bin, der aus seinem Koffer Geld wechselt. Nur nehmen viele Leute, wenn Ernie nicht aufpasst, mehr Geld heraus, als sie hineinlegen. »Am schlimmsten sind Ausländerbuben unter zwölf Jahren«, sagt Ernie. »Am zweitschlimmsten sind Schweizer Frauen über sechzig.«

»Wieso das?«

»Bei den Ausländerbuben ist die Sache klar«, sagt Ernie. »Die brauchen Geld für Panini-Bildchen, Red Bull und Kebab. Am schlimmsten ist es während der Chilbi und an der Herbstmesse. Da klauen sie mir einen Fünfliber aus dem Koffer für die Achterbahn und sind zehn Minuten später schon wieder hier, weil sie nochmal Achterbahn fahren wollen.«

»Aber die Schweizer Frauen über sechzig?«, frage ich.

»Darüber habe ich mir schon oft den Kopf zerbrochen«, sagt Ernie. »Die meisten von denen haben genügend Geld, das sieht man ihnen an. Ich glaube, die sind anderweitig zu kurz gekommen im Leben, deshalb sind sie so gierig.«

»Was kann man da machen?«

Ernie zuckt mit den Schultern. »Mit den Ausländerbuben muss man streng, aber geduldig sein. Die werden schon bald arbeiten und ihr eigenes Geld verdienen, dieses Problem löst sich von allein. Schwieriger ist es mit den Schweizer Frauen, bei denen besteht weniger Hoffnung.«

Was also tut Ernie, um seine Münzen beisammenzuhalten? Er legt sie in seinem Koffer nach einem geheimen, nur ihm bekannten Muster aus, damit er jederzeit den Überblick hat. Je mehr Münzen übrigens schon drin sind, desto mehr werfen die Menschen hinein. Wenn nichts drin ist, bekommt er auch nichts. Sonderbar. Aber das ist ein anderes Thema.

Das Leben ist eine Einfachbillet

Neulich saß ich im *Rathskeller* an der Wand mit den Gewehren, da sah ich am Tresen einen sitzen, der kam mir bekannt vor. Ein kleiner runder Mann mit freundlichen schwarzen Augen und brauner Haut. Den kenne ich doch, dachte ich, und weil die Ahnung einer Erinnerung in mir ein vage angenehmes Gefühl auslöste, wühlte ich kräftig, aber vergeblich in meinem löchrigen Gedächtnis. Also befragte ich Roger Lang, den aktuellen *Rathskeller*-Wirt und Sohn und Enkel der vorangegangenen *Rathskeller*-Wirte, und der gab mir Auskunft.

Der kleine runde Mann war vor fünfundzwanzig Jahren Kellner im *Kreuz* gewesen. Ich glaube, man nannte ihn Jimmy. Er behandelte alle Gäste mit exakt derselben unerschütterlichen Freundlichkeit, sogar die ungekämmten und unartigen Buben, die ich und meine Freunde damals waren. Sein Deutsch lag schwerpunktmäßig im Gastronomischen, darüber hinaus verständigten wir uns mit Lächeln und Schulterklopfen. Irgendwann war Jimmy dann weg. Vielleicht fragte mal einer, wo Jimmy denn geblieben sei, und jemand antwortete, der sei zurück in seine Heimat Pakistan gegangen.

Weil nun also Jimmy ein Vierteljahrhundert später wieder im *Rathskeller* am Tresen saß, ging ich zu ihm, um ihm die Hand zu schütteln und zu erfahren, wie es ihm seither ergangen war. Es stellte sich heraus, dass er eigentlich Matloob Ahmed Warraich heißt und in Pakistan Karriere als Politiker gemacht hat. Er war Berater von Präsidentin Benazir Bhutto, heute ist er Senator in der Provinz Punjab und schreibt Bücher gegen den Terrorismus der Taliban. Die Taliban gehen von Laden zu Laden und kaufen seine Bücher auf, damit niemand sie lesen kann. Und den Ladenbesitzern drohen sie, dass etwas Unangenehmes geschehen könnte, falls die Bücher weiter im Angebot bleiben sollten.

Da fragte ich Matloob, ob sein Leben nicht gefährlich sei und ob er sich nicht lieber wieder in Olten niederlassen würde.

»Nein, nein, nur Besuch in Olten ist gut«, sagte er darauf und lächelte höflich.

»Aber die Gefahr«, entgegnete ich. »Werden die Taliban dich nicht totschießen?«

»Ach, weißt du«, sagte Matloob, der dem jungen Burschen, der ich einst gewesen war, als Kellner gedient hatte, »das Leben ist eine Einfachbillet.«

Sergio

Es lebte vor einiger Zeit in Olten an der Aare ein Italienerbub, nennen wir ihn Sergio. Im einen Badisommer war er noch ein magerer Sprenzel, im nächsten ein mächtiger Hip-Hopper mit Muskeln wie Autopneus, Goldketten am Hals und weiten Hosen. Sergio lachte gern und tanzte gut und ging an jede Party in der Stadt. Weil es aber in Olten nicht so viele Partys gab, zog er bald nach Zürich, wo es mehr Partys gab.

In den zwanzig Jahren seither habe ich ihn in Olten nicht mehr gesehen.

Wie man hört, hat es Sergio in Zürich nicht immer nur leicht gehabt. Die Partys kosteten Geld und die Wohnungen waren teuer, und um gutes Geld zu verdienen, hätte er richtig gut ausgebildet und/oder ein scharfer, rücksichtsloser Hund sein müssen. Beides war er wohl nicht.

So wohnt er heute zur Miete in einem Wohnblock in Schlieren oder Schwamendingen, und er ist ein bisschen arbeitslos und für viele Partys vielleicht schon ein wenig alt. Es geht ihm nicht schlecht, aber eine gewisse Tapferkeit verlangt ihm das Leben wohl ab.

Kürzlich aber hörte er eines Morgens ein Rumoren im Treppenhaus. Das waren die Angehörigen einer Nachbarin, die hochbetagt gestorben war. Sie hatten sich in der Wohnung versammelt, um die Wertsachen aufzuteilen, und dann schimpften sie über den alten Krempel, den sie nun entsorgen mussten.

Da trat Sergio hinaus aufs Treppenhaus und anerbot sich, weil er doch arbeitslos war und Zeit hatte, die Wohnung zu räumen und alles Brauchbare auf dem Flohmarkt zu verscherbeln; den Erlös würde er als Lohn behalten. Die Angehörigen waren gottfroh und gaben ihm den Schlüssel, und Sergio machte sich ans Werk.

Im Badezimmer standen neben der Waschmaschine sieben Waschmittelkartons. Sechs waren leer. Der siebente war viertelvoll und auffällig schwer. Sergio leerte ihn und fand auf dessen Grund einen Goldbarren von einem Kilogramm Gewicht.

Darauf schaute Sergio sich die Wohnung genau an. In der Migros-Papiertragtasche mit dem Altglas fand er ein paar Silberbarren, in den Säumen der Wohnzimmervorhänge waren drei Brillantringe und eine Perlenkette eingenäht. An der Unterseite des Küchentischs klebte ein Umschlag mit sechzehn Tausendernoten, in den Büchern im Regal steckten da und dort ein paar Hunderter.

Insgesamt hat Sergio über fünfzigtausend Franken aus der Wohnung geholt, und er hält es für wahrscheinlich, dass er die eine oder andere Kostbarkeit versehentlich zum Flohmarkt trug. Das ist ihm egal, er hat genug Schwein gehabt.

Die Moral von der Geschichte? Gar keine. Außer, dass man auch mal Schwein haben kann im Leben. Und dass das Glück nicht immer nur die Falschen trifft.

Circus Knie

Ich bin ein sesshafter Mensch und wohne in Olten, wo der Circus Knie stets Anfang Juli Station macht. Dass der Knie auch anderswo auftritt, weiß ich zwar, kann es mir aber doch nicht recht vorstellen. Wenn mir sein rot-weißes Zelt irgendwo anders als in Olten ins Auge sticht – in Zürich auf der Landiwiese etwa, in Neuenburg am Hafen oder in Bellinzona auf dem Campo Militare –, denke ich unwillkürlich: Schau an, der Zirkus Knie – was hat denn der hier verloren?

Für mich gehört der Circus Knie nach Olten in die Schützenmatte und sonst nirgendwohin, und er gehört in den Sommer. Denn der Knie kommt immer Anfang Juli nach Olten. Hier ist er ein saisonales Ereignis, das so zuverlässig eintritt wie Vollmond oder Silvester, man kann sich auf ihn verlassen wie auf die Ankunft der Mauersegler im Mai oder des Beaujolais Nouveau im Oktober. Wenn der Knie sich in der Schützenmatte niederlässt, ist es immer – immer! – hochsommerlich heiß. Dann schwimmen die Kinder in der Aare und freuen sich auf die Sommerferien, und in den Straßencafés trinkt man eiskalten Weißwein.

Dass man unter dem Zirkuszelt auch mal frieren könnte, geht über meine Vorstellungskraft. Zwar will ich gern glauben, dass die Elefanten bei ihrem Gastspiel in Frauenfeld durch den Schnee stapfen, weil's halt erst Ende März ist, oder dass die Artisten in ihren dünnen Trikots frieren, weil Lugano

Ende November bitter kalt sein kann. Für mich als Oltner aber ist der Circus Knie ein sommerliches Ereignis. Die Luft flimmert über der heißen Zeltblache, in der Luft liegt ein betörend starker Duft nach Dung, und die Kinder wollen in der Pause keine Marroni, sondern ein Erdbeercornet oder eine eisgekühlte Cola.

Gleich neben der Schützenmatte liegt das Strandbad. Wenn der Knie da ist, trägt man Badehose und liegt im Schatten einer Platane, liest den *Spiegel* oder einen Krimi und schaut gelegentlich hinüber zu den roten Zeltspitzen, zwischen denen groß der Knie-Schriftzug prangt. Während der Nachmittagsvorstellung wehen Zirkusmusik und die Lautsprecherstimme des Direktors herüber. Und später, zwischen Nachmittags- und Abendvorstellung, tauchen im Strandbad sehr gut aussehende junge Frauen und Männer mit bemerkenswert durchtrainierten Körpern auf, die am Sprungturm die unglaublichsten Kunststücke vollführen. Sie werden dafür bewundert und angehimmelt von den jungen Sesshaften des Städtchens. Aber weil sie stets gleich wieder wegmüssen zur nächsten Vorstellung, ergibt sich kaum je der erwünschte Kontakt.

An einem Hitzetag Anfang Juli 2002 war's, als im Knie-Wagenpark eine echte Prinzessin die Tür ihres Wohnwagens öffnete, in Flipflops und Badesachen zum Kassahäuschen des Strandbads ging und einen Eintritt für 1 erwachsene Person ohne Ermäßigung (5 SFr.) löste. Der Besuch der Fürstentochter war deswegen so aufregend, weil Olten eine Eisenbahnerstadt ist; hier gibt es Zahnärzte, Lokführer, Rechtsanwältinnen und Elvis-Imitatoren, aber keine Prinzen oder Prinzessinnen.

An jenem Nachmittag also ging um halb vier im Strandbad ein Murmeln und Wispern von einem Badetuch zum nächsten.

»Das glaube ich nicht.«

»Was?«

»Guck mal, aber guck nicht!«

»Was?«

»Dort liegt Prinzessin Stéphanie.«

»Was?«

»Stéphanie.«

»Wie – die Prinzessin?«

»Ja.«

»Wo?«

»Dort. Aber guck nicht hin!«

»Die mit dem Tigerbikini?«

»Ja. Guck nicht, verdammt!«

»Das ist Stéphanie von Monaco?«

»Ja.«

»Was hat die in Olten zu suchen?«

»Die ist mit dem Zirkus Knie in der Stadt. Ist befreundet mit dem Direktor, ich hab's in der Zeitung gelesen.«

»Mit Freddy Knie?«

»Franco. Oder Freddy. Weiß nicht.«

»Ist das der Senior?«

»Der war mal der Junior. Aber jetzt ist er der Senior.« Durchlaucht Stéphanie Marie Elisabeth Grimaldi lag bäuchlings auf ihrem Badetuch zwischen Planschbecken und Beachvolleyball-Anlage, rauchte Zigaretten und kratzte sich mit dem großen Zeh des rechten Fußes an der linken Wade. Keiner guckte hin. Es guckte auch niemand, als sie auf die Füße sprang und hinüberging zum Schwimmerbecken; keiner beachtete ihre eckigen Schultern, ihren Bubenhintern und die nicht sehr prinzessinnenhaften Tätowierungen überall; niemand sah, dass sie unterwegs ihre halb gerauchte Zigarette ins Berberitzengebüsch schnippte und dass sie rasch und entschlossen ins Wasser glitt und sechs Längen in elegantem Crawlstil absolvierte. Keiner zückte die Kamera, als sie pitschnass zurück zu ihrem Badetuch lief, um sich von der Sonne trocknen zu lassen. Keiner verlangte ein Autogramm, als sie am Kiosk ein Solero-Eis und einen Automatenkaffee kaufte. Als die Sonne hinter den Platanen verschwand, packte Stéphanie ihre Sachen zusammen, warf sich einen Sommerrock über und ging.

Eine Viertelstunde später betrat sie die *Vario-Bar* gegenüber der *Hammer-Migros*, stellte sich am Tresen auf und bestellte beim Wirt in reizendem Französisch ein Glas Prosecco. Es war Essenszeit, die Bar ziemlich leer. Die wenigen Gäste rauchten und lasen Zeitung, schwiegen und betrachteten durchs Fenster den Straßenverkehr. Als Stéphanie ausgetrunken hatte, bezahlte sie und ging. Da packte der Wirt mit spitzen Fingern ihr Glas und rief:

»Hey, Leute, das Glas von Stéphanie! Wer will es haben, original Prosecco-Rückstand und Grimaldi-Lippenstift am Rand? Zwanzig Franken, dann seid ihr dabei!«

Die Gäste grinsten und schauten durchs Fenster.

»Wie – das war Prinzessin Stéphanie?«

»Wenn ich es doch sage. Was ist jetzt mit dem Glas – will es einer?«

»Zwanzig Franken für das blöde Glas?«

»Spül's doch aus.«

»Wenn's keiner haben will, spüle ich es aus.« Und dann spülte er es aus.

Bücher-Flohmarkt

Wenn ich mal keine Pflichten habe und mir grad luftig um die Nasenspitze ist, steige ich aufs Rad und fahre zum Bücher-Flohmarkt, der in der Schweiz Bücher-Brockenstube heißt. Herrliche Bücher findet man da: Thomas Mann, Jakob Bührer, Meinrad Inglin, Carson McCullers, Jurek Becker, Ivo Andrić – alles wild durcheinander, zeitlos veraltet und ohne jeden Aktualitätsdruck, und meist schöne, leinengebundene Ausgaben. Taschenbücher fasse ich nicht an. Ich kann mich vom Vorurteil nicht befreien, dass gebrauchte Taschenbücher weniger sauber sind als gebrauchte gebundene Bücher.

Manchmal steht auch ein Buch im Regal, das ich selbst geschrieben habe, das schmerzt dann ein bisschen. Welcher Schuft fand mein Werk so unwichtig, dass er es loswerden wollte? Andrerseits lebt der urbane Mensch in beengten Verhältnissen und muss sich gelegentlich Platz verschaffen, man muss da realistisch sein. Schlimm ist es also nicht, wenn ein Buch von mir auf dem Flohmarkt auftaucht; schlimm wäre nur, wenn es dort bliebe – wenn mein Buch Wochen, Monate und Jahre im Regal stehen würde, der Preis von drei Franken mit Bleistift auf der ersten Seite angeschrieben, gleichgültig überflogen von Tausenden von Augenpaaren, und irgendwann wäre ich gezwungen, das Buch selbst zu kaufen, um der Schande ein Ende zu bereiten um den Preis der schlimmstmöglichen Selbsterniedrigung.

Noch ist es nicht so weit. Noch sind es anderer Leute Bücher, die in der Brockenstube stehen, und anderer Leute Bibliotheken. Die meisten Bücher stammen wohl aus Bibliotheken von Verstorbenen. Eine sonderbare Sache ist das: Da verwendet einer ein ganzes Leben darauf, Buch um Buch seine Bibliothek zusammenzutragen, die mit ihm wächst und Mal um Mal umzieht von einer Wohnung in die nächste – und wenn der Mensch tot ist, haben seine Nachfahren nichts Eiligeres zu tun, als die schönen Bücher raschestmöglich auf dem Flohmarkt zu entsorgen.

Ich tu mich schwer mit dem Gedanken, dass das auch mit meiner Bibliothek geschehen wird. Meine Lieben werden ihr Leben weiterleben, in meinem Haus wird jemand anderes wohnen, damit habe ich längst meinen Frieden gemacht – aber was geschieht mit meiner Bibliothek? In schwachen Momenten wünsche ich mir, dass all meine Bücher, die ich im Lauf meines Lebens gekauft und gelesen habe, mir als Grabbeigabe in die Gruft gegeben werden. Ich weiß allerdings nicht, ob das gesetzlich zulässig wäre, man denke an Grundwasserschutz und Totenruhe, und die Totengräber müssten da schon eine ganz ordentliche Grube ausheben, damit auch das letzte Reclam-Bändchen Platz hätte.

Andrerseits würden die Bücher vermodern im feuchten Erdreich, wir sind ja hier nicht im trockenen Ägypten. Das könnte ich nicht verantworten, allein schon aus ästhetischen Gründen, noch nicht mal der Ethik wegen. Da ziehe ich es doch vor, dass meine Nachfahren den ganzen Kram zum Flohmarkt bringen. Sie werden alles in Papiertaschen stecken, und die Flohmarkt-Leute werden in die Taschen greifen und drei oder vier Bücher auf's Mal herausnehmen und ins Regal stellen, und so werden Bruchstücke meiner alphabetischen Anordnung erhalten bleiben: Canetti – Capote – Carver.

Bradbury – Brautigam – Brodkey – Brontë. Mailer – Maugham – Maxwell. Fallada – Federspiel – Fontane.

Ich muss aber meinen Lieben unbedingt auftragen, dass sie jeden Band sorgfältig ausschütteln sollen, bevor sie ihn der Heilsarmee bringen. Denn draußen in der bösen Welt geht mein alter Freund Cuno Affolter auf den Flohmärkten um und sammelt seit Jahrzehnten alles, was die Menschen so in ihre Bücher stecken und dort vergessen – Liebesbriefe, Einkaufszettel, Geld, Haarlocken, Kleeblätter, Präservativ-Verpackungen, künstliche Wimpern, und natürlich Fotos. Fotos von Menschen, die kein Lebender mehr kennt. Eines Tages wird er eine große Ausstellung im Kunstmuseum daraus machen, er arbeitet seit Jahren daran.

Apropos Fotos: Das herzzerreißend Traurigste auf Flohmärkten sind nicht die Bücher, sondern die Kisten mit den gerahmten Bildern. Zum Verkauf stehen nur die Rahmen, die Bilder darin interessieren niemanden. Die längst verblichenen Kinderzeichnungen, die liebevoll ungelenken Aquarelle aus dem Italienurlaub, die Hochzeitsfotos und Familienporträts, alle stehen aufrecht aneinandergelehnt in der Kiste – glückselige Brautpaare vor dem Tulpenbeet, still zufriedene Jubilare, wonnig pralle Babys auf dem Lammfell, die alle schon längst nicht mehr sind.

Was soll man machen, das ist der Lauf der Dinge. So ist das nun mal, wenn die Abbildung eine längere Lebensdauer hat als das Objekt der Abbildung. Der Mensch wird alt und stirbt, der Schnappschuss vom Weihnachtsfest aber bleibt jung und verliert jede Bedeutung, wenn die Erinnerung an die abgebildeten Menschen verblasst. Das Einzige, was dann noch zählt, ist der Rahmen.

Ich kehre zurück zum Bücherregal und stelle fest: Hier ist es umgekehrt. Beim Buch ist es das Buch selbst – also gleichsam der Rahmen – der ein bisschen unansehnlich wird; besonders im Taschenbuchregal. Die Geschichte aber, die es erzählt, – also das Bild – altert nicht. Madame Bovary bleibt jung, Anna Karenina auch. Sie sind unsterblich – zumindest solange sich jemand findet, der für das Buch drei Franken zahlt und es mit nach Hause nimmt, um es zu lesen in langen Winternächten.

Wenn ich es doch sage

Ich wohne in einer kleinen Stadt. Hier kenne ich sämtliche achtundsiebzig Kneipen, alle vier Kinos, jeden Taxistand und sämtliche Geldautomaten. Es gibt kaum einen Straßennamen, der mir unbekannt wäre, und die meisten Häuser sind mir zumindest vom Anblick her vertraut. Manchmal kommt es mir vor, als würde jedes Haus im Städtchen mir eine Geschichte erzählen. Manche dieser Geschichten habe ich schon so oft weitererzählt, dass ich nicht mehr sicher zu sagen wüsste, ob sie tatsächlich wahr ist oder ob ich sie erfunden habe. Leider kommt es auch vor, dass ich Geschichten irrtümlich Leuten auf den Leib erzähle, die damit gar nichts zu schaffen haben. Und wenn ich eine Geschichte hundert Mal erzählt habe, glaube ich zuweilen sogar, ich hätte sie selbst erlebt. Dann schlägt die Stunde der kleinlichen Faktenhuber, die mir mit ihren Tatsachen meine Geschichte kaputtmachen. Das schätze ich gar nicht. Dass mein Jugendfreund Thomas, den alle den »Virus« nannten, eines Tages am Maulbeerweg schubkarrenweise Gartenerde in den ersten Stock karrte, weil er im Schlafzimmer unbedingt Rasen ansäen wollte – das muss wirklich so gewesen sein, ich sehe den Rasen deutlich vor mir. Aber wieso erinnert sich keiner außer mir daran?

Ebenfalls unauslöschlich ins Gedächtnis eingeprägt hat sich mir jene regnerische Julinacht, in der der Virus nachts um halb drei im frisch gestrichenen Wohnzimmer bei geschlossenen Fenstern sein 1.-August-Feuerwerk abfackelte – im Wohnzimmer, wie gesagt. Alle Gäste gingen hinter dem Sofa in Deckung, während der Virus sardonisch lachend aufrecht mitten im Zimmer stand und um ihn her die Raketen knatternd und knallend von Wand zu Wand, zur Decke hoch und auf den Teppich hinunter und zurück an die Wände jagten – und als keine Raketen mehr zur Hand waren, hat der Virus auch noch die Zuckerstöcke abgebrannt.

Den Pulverdampf habe ich noch immer in der Nase, den kann ich nicht erfunden haben, und die Schmauchspuren an den Wänden sehe ich vor mir. Ich weiß auch noch, wer alles mit mir hinter dem Sofa kauerte – nur können sich die sonderbarerweise ums Verrecken nicht mehr an das Indoor-Feuerwerk erinnern. Da kann ich nur staunen, wie schlecht das Erinnerungsvermögen mancher Leute ist. So was vergisst man doch nicht.

Auch dass der Virus den gusseisernen Spülkasten auf der Toilette durch eine Maßanfertigung aus Plexiglas ersetzte, um im Spülwasser Goldfische auszusetzen, die dann an bierseligen Abenden Nahtoderlebnisse in hundertfacher Wiederholung hatten – auch das muss so gewesen sein, ich sehe die bemitleidenswerten Viecher noch heute im Trockenen mit den Flossen schlagen.

Andere Erinnerungen verblassen allmählich. Stimmt das wirklich, dass Walters Wohnung an der Clarastrasse so feucht war, dass die Pilze vertikal nach unten aus der Decke sprossen? Und wer wohnte nochmal im vierten Stock jenes Mietshauses an der Florastrasse, in dem jahrzehntelang ein ausgewachsenes Motorrad in der guten Stube stand? Jedenfalls hatte ein längst vergessener Freak das Motorrad von einem Pneukran in die Stube hieven lassen, weil er die Maschine mehr liebte als seine Frau. Und weil er beim Auszug nach der Scheidung kein Geld mehr hatte für eine neuerliche Pneukranmiete, blieb das Motorrad in der Stube stehen und wurde quer durch die Jahrzehnte weitergereicht von einem Mieter zum nächsten, die sich alle mit dem Ding arrangierten wie mit einem …

Wie? Was? Nein, das Motorrad hätte natürlich nicht in den Aufzug gepasst, sonst wäre es längst nicht mehr dort. Und ja doch, es mag sein, dass so eine Maschine sich leicht in Einzelteile zerlegen ließe, die dann in den Aufzug passen würden. Und vielleicht stimmt es sogar, dass die Kranmiete gar nicht so furchtbar teuer wäre und für die Kosten irgendwann mal der Vermieter aufkommen müsste. Ob die Mieter Mietzinsreduktion geltend gemacht haben? Ja, kann sein, weiß ich jetzt nicht, ist doch auch egal … das mag alles sein. Macht mir doch wegen solcher Kleinigkeiten meine Geschichte nicht kaputt.

Es mag auch sein, dass Goldfische keine zwei Stunden in einem Toilettenspülkasten überleben würden, und dass Pilze niemals vertikal nach unten, sondern stets senkrecht himmelwärts wachsen, und dass die Schlafzimmer in Mehrfamilienhäusern statisch nicht darauf ausgerichtet sind, tonnenweise Gartenerde zu tragen – das mag alles sein. Aber was soll ich denn machen? Die Goldfische hat's gegeben, ich schwör's. Und das Motorrad und die Pilze und das Feuerwerk auch.

Wenn ich es doch sage.

800 Kilometer

Ich war mal mit einem pfefferminzgrünen Renault 4 in der Sahara nach Gao unterwegs, als am Horizont zwei große, starke Bambara-Bauern auftauchten. Sie wollten ebenfalls nach Gao. Zu Fuß. 800 Kilometer. Ich hieß die beiden einsteigen. Ihre langen Wander-, Grab- und Schlagstöcke banden wir aufs Dach.

Beim Losfahren sah ich im Rückspiegel, dass sie verkehrt herum auf der Sitzbank kauerten und aus dem Rückfenster schauten. Ziemlich unbequem sah das aus. Ich sagte »He« und »Hallo« und machte, da ich kein Wort Bambara spreche, mit dem senkrecht hochgestreckten Zeigefinger kreiselnde Bewegungen. Als das nichts half, hielt ich an, stieg hinten ein und demonstrierte den beiden, die offenbar noch nie in einem Auto gesessen hatten, die korrekte Anwendung eines Autorücksitzes. Ich streckte die Beine, ließ einen Arm über die Lehne baumeln und den Kopf in die Nackenstütze fallen. Dann machte ich »Aahhh!«, um meinem Wohlbefinden Ausdruck zu verleihen.

Die zwei Bambara-Bauern beobachteten mich mit skeptisch gerunzelten Stirnen. Sie berieten sich wortlos mit ernsten Blicken und kleinen Grimassen, und dann wandten sie sich wieder mir zu und schüttelten die Köpfe.

»Wieso nicht?«, fragte ich.

»Schau, ich will es dir erklären«, bedeutete mir der Ältere wortlos mit knappen Gesten und Gebärden.

»Dieses Auto hat zwei Fenster, eines vorn und eines hinten. Richtig?«

»Richtig«, sagte ich und beschloss, die Seitenfenster aus dem Spiel zu lassen.

»Die Fenster sind zum Rausgucken, oder etwa nicht?«

»Richtig«, sagte ich.

»Du sitzt vorn und schaust zum vorderen Fenster raus.«

»Richtig.«

»Mein Freund und ich sitzen hinten. Wo also sollen wir, wenn du logisch überlegst, rausgucken?«

»Ich verstehe.«

»Wieso sollen wir nicht nach hinten rausgucken? Du guckst doch auch nach vorn raus.«

»Ich hab doch gesagt, dass ich verstehe.«

»Weshalb willst du, dass wir nach vorn gucken? Da sehen wir nur die hässliche Rückseite der Vordersitze. Und den Rückspiegel. Und deinen Hinterkopf. Nichts gegen deinen Hinterkopf, gell. Aber nach hinten haben wir freie Sicht durch Heckfenster, da können wir die Welt sehen.«

»Ist ja gut«, sagte ich.

»Diese Autos sind verkehrt konstruiert«, sagte er. »Die Hintersitze müssten andersrum eingebaut werden. So dass man hinten rausgucken kann.«

»Dass da in hundert Jahren Automobilbau noch keiner draufgekommen ist«, sagte ich.

Wir stiegen ein und fuhren weiter. Meine zwei Fahrgäste kauerten während der ganzen Fahrt rückwärts auf der Bank und schauten aus dem Heckfenster. Über 800 Kilometer.

Mein französischer Bistrostuhl

Es gibt Dinge im Leben, die wird man einfach nicht mehr los. Eins meiner allerersten Möbelstücke in meiner allerersten Wohnung war ein französischer Bistrostuhl mit runder, halbhoher Rückenlehne, den ich in der Oltner Heilsarmee-Brockenstube für zwölf Franken kaufte. Ich finde ihn ganz hübsch und recht bequem, und ich bilde mir gern ein, dass er über hundert Jahre alt sei.

Andrerseits lässt er sich nicht unter den Tisch schieben, weil die Armlehnen zu hoch sind, und beim Reinemachen kann man ihn wegen der Armlehnen nicht verkehrtrum auf den Tisch stellen. Kommt hinzu, dass im Sperrholz der Sitzfläche ein böser Spalt klafft. Meinen Jeans und Cordhosen macht das nichts aus, aber wenn ich besser gekleidete Menschen zu Besuch habe, bleiben sie mit ihren Strümpfen und feinen Tüchern hängen.

So entfernte ich also eines Tages den Stuhl aus meiner Junggesellenbude und brachte ihn bedauernd zurück in die Brockenstube. Dort stand er eine Weile. Ich besuchte ihn gelegentlich, setzte mich auf ihn und dachte an die schönen Dinge, die ich mit ihm erlebt hatte. Dann war er plötzlich weg, jemand hatte ihn gekauft. Auch gut, dachte ich, das Leben geht weiter.

Dann lernte ich eine Frau kennen. Wir bezogen eine gemeinsame Wohnung und bekamen Kinder. Eines Tages kehrte die Frau mit einem hübschen, nur ein ganz klein wenig unpraktischen Stuhl aus der Brockenstube zurück – es war mein französischer Bistrostuhl, ich erkannte ihn mit aller Sicherheit am klaffenden Spalt. So stand er wieder an meinem Tisch für ein paar Jahre, wir feierten ein paar wirklich schöne Feste miteinander; dann siegte doch wieder die Vernunft. Wir brachten ihn zurück in die Brockenstube, wo er wiederum eine Weile umherstand und dann mit unbekannter Destination verschwand.

Vor ein paar Wochen nun unternahm mein erstgeborener Sohn, der nun auch schon einundzwanzig Jahre alt ist und vom Vater eine Vorliebe für alten Kram geerbt hat, einen Streifzug durch die Brockenstuben der Stadt. Er kaufte einen alten Medizinball aus Leder, eine Fotografenleuchte aus Aluminium und einen französischen Bistrostuhl, der bis auf einen klaffenden Spalt in der Sitzfläche recht gut erhalten ist. Ich bin sehr glücklich, dass er wieder da ist. Er gehört mir allein. Wenn ich im Hause bin, untersteht sich niemand, darauf Platz zu nehmen. Vielleicht sollte ich das Sperrholz der Sitzfläche gelegentlich mal ersetzen lassen. Andrerseits: Wär's dann noch mein Stuhl? Und würde ich ihn beim nächsten Mal in der Brockenstube wiedererkennen?

Inhalt